La fiscalité et la comptabilité racontées aux juristes

La fiscalité et la comptabilité racontées aux juristes

Daniel GARABEDIAN

coordinateur

Caroline DOCCLO, Daniel GARABEDIAN, François HENNEAUX

larcier

Pour toute information sur nos fonds et nos nouveautés dans votre domaine de spécialisation, consultez nos sites web via www.larciergroup.com.

Éditions Larcier
Rue Haute, 139/6 - 1000 Bruxelles

Imprimé en Belgique

Dépôt légal
Bibliothèque nationale, Paris : Mars 2018
Bibliothèque royale de Belgique, Bruxelles : 2018/0031/137

ISBN : 978-2-8079-0320-3

Sommaire

Le droit comptable et les comptes annuels expliqués aux juristes (1)

Daniel Garabedian

Professeur à l'Université libre de Bruxelles
Avocat à la Cour de cassation

(1) Extraits de J. Kirkpatrick et D. Garabedian, *Le régime fiscal des sociétés en Belgique*, 3e éd., Bruxelles, Bruylant, 2003, et de mes syllabus ULB pour les cours de Droit fiscal et de Droit fiscal des sociétés. Une partie « pratique » a été exposée lors du séminaire par M. Jean-Paul Servais, professeur à l'Université libre de Bruxelles, président de la FSMA et vice-président de l'IOSCO-OICV.

SECTION 1.

LES SOURCES DU DROIT COMPTABLE - LES COMPTES ANNUELS

1. Le droit comptable fait l'objet des articles III.82 à III.95 du Code de droit économique (qui a intégré, sur ce point, les dispositions de la loi du 17 juillet 1975 relative à la comptabilité des entreprises) et surtout des articles 22 et suivants de l'arrêté royal du 30 janvier 2001 d'exécution du Code des sociétés (AR/Soc qui a remplacé l'arrêté royal du 8 octobre 1976 relatif à la comptabilité des entreprises).

Les avis de la Commission des Normes comptables (CNC) sur l'interprétation du droit comptable, quoique non obligatoires, sont une source importante en raison du statut de cette Commission : organisme officiel avec pour mission « de donner tout avis au Gouvernement et au Parlement à la demande de ceux-ci ou d'initiative » et « de développer la doctrine comptable et de formuler les principes d'une comptabilité régulière, par la voie d'avis ou de recommandations » (C.D.E., art. III.93). Ses membres, nommés par arrêté royal, comptent deux fonctionnaires issus de la haute administration fiscale. Ses avis agissent ainsi par « *soft law* » et il est essentiel de les consulter pour résoudre toute question de droit comptable (www.cnc-cbn.be).

Les dispositions comptables sont en grande partie déterminées par des directives européennes (2). Leur interprétation peut donc donner lieu à des arrêts de la C.J.U.E. (pour deux rares exemples : C.J.C.E., 7 janvier 2003, *BIAO*, C-306/99 à propos d'un litige en Allemagne, et, plus récemment, C.J.U.E., 3 octobre 2013, *GIMLE*, C-322/12 à propos d'un litige en Belgique).

L'application du droit comptable se traduit au premier chef par les comptes annuels, composés du bilan, du compte de résultats et de l'annexe, que, sauf exception, l'organe d'administration de chaque société (conseil d'administration dans les SA, gérant dans les sprl) doit annuellement établir et soumettre à l'approbation de l'assemblée générale des actionnaires ou associés, et publier ensuite par dépôt à la Centrale des bilans de la Banque nationale de Belgique.

Ce sont ces comptes annuels, en particulier le bilan, qui, en droit des sociétés, déterminent notamment si la société est en mesure de distribuer légalement des dividendes (*cf.* C. soc., art. 617) ou si elle doit appliquer

(2) Aujourd'hui, directive n° 2013/34/UE du Parlement et du Conseil du 26 juin 2013, dite « directive comptable unique ».

la procédure dite d'« alarme » en cas de perte de la moitié de son capital (*cf.* C. soc., art. 633, al. 1er) ; ce sont eux qui enregistrent la « réserve légale » que la société est tenue d'alimenter (*cf.* C. soc., art. 616).

2. Dans les *groupes de sociétés*, tels que définis par le droit comptable, il faut établir annuellement, outre les comptes annuels de chaque société, des comptes annuels consolidés au niveau de la société tête de groupe (AR/Soc, art. 106 à 169) : il s'agit de regrouper les comptes de toutes les sociétés du groupe, en éliminant les relations réciproques entre elles, pour aboutir à des comptes annuels uniques comme si le groupe ne formait qu'une seule société. La tâche est lourde et complexe car les grands groupes multinationaux se composent de plusieurs centaines ou milliers de sociétés réparties dans de nombreux pays. Ce sont ces comptes consolidés qui retiennent l'attention des commentateurs et des investisseurs : lorsque les journaux parlent des résultats de Microsoft, Volkswagen ou Peugeot, ils ne parlent pas des résultats d'une société mais de ceux du groupe tels que ceux-ci ressortent des comptes consolidés de la société tête de groupe (de manière analogue, ce sont les actions de cette société tête de groupe qui sont le cas échéant cotées en bourse). Pour distinguer ces comptes consolidés des comptes de chaque société, on désigne souvent ces derniers par l'expression « comptes statutaires » ou « comptes sociaux ».

3. Un règlement (CE) n° 1606/2002 du Parlement européen et du Conseil, mis en œuvre par des règlements de la Commission, dispose, depuis 2005, que les sociétés européennes *dont les titres sont cotés* à une bourse de valeurs d'un État membre doivent établir, à côté de leurs comptes annuels statutaires établir conformément au droit comptable « classique » évoqué *supra*, des comptes annuels consolidés conformément à d'autres règles comptables, les « *International Financial Reporting Standards* » (IFRS), élaborées par un organisme international privé, l'*International Accounting Standards Board* (IASB), dans la mesure où ces règles ont été « adoptées » par la Commission (3).

L'objectif est de faciliter la comparaison des états financiers des groupes cotés européens et non européens. Les normes IFRS diffèrent notablement des normes « classiques » belges et européennes, notamment parce que leur objectif principal est d'informer le marché boursier sur les résultats

(3) Règlement (CE) n° 1606/2002 du Parlement européen et du Conseil du 19 juillet 2002 sur l'application des normes comptables internationales ; règlement (CE) n° 1126/2008 de la Commission du 3 novembre 2008 portant adoption de certaines normes comptables internationales conformément au Règlement (CE) n° 1606/2002 du Parlement européen et du Conseil, complété à de multiples reprises.

et les perspectives des groupes cotés ; cela conduit, par exemple, à exprimer beaucoup plus systématiquement les plus-values latentes sur les actifs que dans les normes « classiques ». La confection de comptes consolidés conformes à ces normes nécessite donc un lourd et complexe travail de « retraitement » des comptes « statutaires », conformes eux aux normes « classiques ».

Le règlement (CE) n° 1606/2002 donne à chaque État membre la faculté d'imposer ou autoriser l'application des normes IFRS, d'une part, pour les comptes annuels *consolidés* des sociétés *non cotées* et, d'autre part, pour les comptes annuels *non consolidés* des sociétés. La Belgique a fait usage de cette faculté uniquement pour autoriser les sociétés non cotées à établir leurs comptes *consolidés* conformément aux normes IFRS (AR du 18 janvier 2005 relatif à l'application des normes comptables internationales, modifiant l'article 114 de l'AR/Soc).

4. Nous nous concentrerons ici sur les règles comptables « classiques » (par opposition aux règles de consolidation et aux normes IFRS qui viennent d'être évoquées), puisque ce sont ces règles « classiques » qui sont prises en compte généralement par le droit des sociétés et par le droit fiscal.

SECTION 2.
LE SCHÉMA RÉGLEMENTAIRE DES COMPTES ANNUELS

5. Le Code de droit économique prescrit à chaque entreprise de procéder à un *inventaire* annuel complet « de ses avoirs et droits de toute nature, de ses dettes, obligations et engagements de toute nature relatifs à son activité et des moyens propres qui y sont affectés » (C.D.E., art. III.89). Ensuite, la société doit établir ses *comptes annuels* (*bilan*, *compte de résultats* et *annexe*), conformément à un schéma réglementaire (téléchargeable sur le site internet de la Banque nationale).

Je reproduis ci-après les schémas réglementaires du bilan et du compte de résultats, présentés sous forme de compte. Pour plus de clarté, j'ai regroupé sur une seule page les parties « débit » (à gauche) et « crédit » (à droite) du bilan qui, dans le schéma réglementaire, figurent sur deux pages différentes par manque de place, et j'ai présenté de même le compte de résultats qui, dans le schéma réglementaire, est présenté sous forme de liste.

BILAN APRÈS RÉPARTITION

ACTIF	
FRAIS D'ÉTABLISSEMENT	20
ACTIFS IMMOBILISÉS	21/28
Immobilisations incorporelles	21
Immobilisations corporelles	22/27
Terrains et constructions	22
Installations, machines et outillage	23
Mobilier et matériel roulant	24
Location-financement et droits similaires	25
Autres immobilisations corporelles	26
Immobilisations en cours et acomptes versés	27
Immobilisations financières	28
Entreprises liées	280/1
Participations	280
Créances	281
Entreprises avec lesquelles il existe un lien de participation	282/3
Participations	282
Créances	283
Autres immobilisations financières	284/8
Actions et parts	284
Créances et cautionnements en numéraire	285/8
ACTIFS CIRCULANTS	29/58
Créances à plus d'un an	29
Créances commerciales	290
Autres créances	291
Stocks et commandes en cours d'exécution	3
Stocks	30/36
Approvisionnements	30/31
En-cours de fabrication	32
Produits finis	33
Marchandises	34
Immeubles destinés à la vente	35
Acomptes versés	36
Commandes en cours d'exécution	37
Créances à un an au plus	40/41
Créances commerciales	40
Autres créances	41
Placements de trésorerie	50/53
Actions propres	50
Autres placements	51/53
Valeurs disponibles	54/58
Comptes de régularisation	490/1
TOTAL DE L'ACTIF	20/58

PASSIF	
CAPITAUX PROPRES	10/15
Capital	10
Capital souscrit	100
Capital non appelé[1]	101
Primes d'émission	11
Plus-values de réévaluation	12
Réserves	13
Réserve légale	130
Réserves indisponibles	131
Pour actions propres	1310
Autres	1311
Réserves immunisées	132
Réserves disponibles	133
Bénéfice (Perte) reporté(e) (+)/(-)	14
Subsides en capital	15
Avance aux associés sur répartition de l'actif net[2]	19
PROVISIONS ET IMPÔTS DIFFÉRÉS	16
Provisions pour risques et charges	160/5
Pensions et obligations similaires	160
Charges fiscales	161
Grosses réparations et gros entretien	162
Obligations environnementales	163
Autres risques et charges	164/5
Impôts différés	168
DETTES	17/49
Dettes à plus d'un an	17
Dettes financières	170/4
Emprunts subordonnés	170
Emprunts obligataires non subordonnés	171
Dettes de location-financement et dettes assimilées	172
Etablissements de crédit	173
Autres emprunts	174
Dettes commerciales	175
Fournisseurs	1750
Effets à payer	1751
Acomptes reçus sur commandes	176
Autres dettes	178/9
Dettes à un an au plus	42/48
Dettes à plus d'un an échéant dans l'année	42
Dettes financières	43
Etablissements de crédit	430/8
Autres emprunts	439
Dettes commerciales	44
Fournisseurs	440/4
Effets à payer	441
Acomptes reçus sur commandes	46
Dettes fiscales, salariales et sociales	45
Impôts	450/3
Rémunérations et charges sociales	454/9
Autres dettes	47/48
Comptes de régularisation	492/3
TOTAL DU PASSIF	10/49

1 Montant venant en déduction du capital souscrit.

2 Montant venant en déduction des autres composantes des capitaux propres.

COMPTE DE RESULTATS

Coût des ventes et des prestations	60/66A	**Ventes et prestations**	70/76A
Approvisionnements et marchandises	60	Chiffre d'affaires	70
Achats	600/8	En-cours de fabrication, produits finis et commandes en cours d'exécution : augmentation (réduction) (+)/(-)	71
Stocks : réduction (augmentation) (+)/(-)	609	Production immobilisée	72
Services et biens divers	61	Autres produits d'exploitation	74
Rémunérations, charges sociales et pensions (+)/(-)	62	Produits d'exploitation non récurrents	76A
Amortissements et réductions de valeur sur frais d'établissement, sur immobilisations incorporelles et corporelles	630		
Réductions de valeur sur stocks, sur commandes en cours d'exécution et sur créances commerciales : dotations (reprises) (+)/(-)	631/4		
Provisions pour risques et charges : dotations (utilisations et reprises) (+)/(-)	635/7		
Autres charges d'exploitation	640/8		
Charges d'exploitation portées à l'actif au titre de frais de restructuration (-)	649		
Charges d'exploitation non récurrentes	66A		

Bénéfice (Perte) d'exploitation (+)/(-) 9901

Charges financières	65/66B	**Produits financiers**	75/76B
Charges financières récurrentes	65	Produits financiers récurrents	75
Charges des dettes	650	Produits des immobilisations financières	750
Réductions de valeur sur actifs circulants autres que stocks, commandes en cours et créances commerciales : dotations (reprises) (+)/(-)	651	Produits des actifs circulants	751
Autres charges financières	652/9	Autres produits financiers	752/9
Charges financières non récurrentes	66B	Produits financiers non récurrents	76B

Bénéfice (Perte) de l'exercice avant impôts (+)/(-) 9903

Transfert aux impôts différés	680	**Prélèvements sur les impôts différés**	780

Impôts sur le résultat (+)/(-) 67/77

Impôts	670/3	Régularisations d'impôts et reprises de provisions fiscales	77

Bénéfice (Perte) de l'exercice (+)/(-) 9904

Transfert aux réserves immunisées	689	**Prélèvements sur les réserves immunisées**	789

Bénéfice (Perte) de l'exercice à affecter (+)/(-) 9905

AFFECTATIONS ET PRÉLÈVEMENTS

Bénéfice (Perte) à affecter (+)/(-) 9906
Bénéfice (Perte) de l'exercice à affecter (+)/(-) (9905)
Bénéfice (Perte) reporté(e) de l'exercice précédent (+)/(-) 14P

Affectations aux capitaux propres	691/2	**Prélèvements sur les capitaux propres**	791/2
au capital et aux primes d'émission	691	sur le capital et les primes d'émission	791
à la réserve légale	6920	sur les réserves	792
aux autres réserves	6921		

Bénéfice (Perte) à reporter (+)/(-) (14)

Bénéfice à distribuer	694/7	**Intervention d'associés dans la perte**	794
Rémunération du capital	694		
Administrateurs ou gérants	695		
Employés	696		
Autres allocataires	697		

Chacune des *rubriques* et *sous-rubriques* du bilan et du compte de résultats est définie dans l'AR/Soc.

La société tient bien entendu au jour le jour une comptabilité plus détaillée que ce qui se retrouve au bilan et au compte de résultats : chacune des rubriques et sous-rubriques est le *regroupement* des comptes particuliers relevant de la rubrique. Exemple : la rubrique du bilan « Immobilisations corporelles – Mobilier et matériel roulant » regroupe le solde des différents comptes particuliers ouverts pour chaque véhicule appartenant à l'entreprise.

Le plan de comptes plus détaillé fait l'objet d'un « plan comptable minimum normalisé » (PCMN), arrêté par un AR du 12 septembre 1983, plusieurs fois modifié.

SECTION 3.

QUELQUES PRINCIPES ET RÈGLES COMPTABLES

§ 1. L'importance du processus et des règles d'évaluation

6. La comptabilité nécessite de traduire les éléments du patrimoine et les opérations de la société en montants monétaires. Le processus *d'évaluation* est donc fondamental, et il fait l'objet de règles détaillées dans l'AR/Soc. Ce travail d'évaluation est aisé pour les actifs monétaires (si la société a 100.000 EUR sur son compte bancaire à vue, on comptabilisera en règle 100.000 EUR (rubrique « Placements de trésorerie » de l'actif du bilan)) ; il l'est moins pour les actifs non monétaires.

Le mot « évaluation » évoque celui de « valeur », qui évoque à son tour des notions telles que la « valeur vénale » ou la « valeur de marché ». Il ne faut pas s'y tromper : ce n'est pas de cela qu'il s'agit ici. Il s'agit ici simplement de déterminer pour quel montant un actif, une dette, une opération *va être traduit dans la comptabilité*. Ce montant dépend entièrement des règles comptables d'évaluation : si ces règles prescrivent de comptabiliser les actifs à leur valeur de marché, la valeur comptable reflètera la valeur de marché ; il en ira autrement si les règles comptables sont autres.

Et tel est bien le cas en droit comptable belge. En droit belge (et européen « classique »), lorsque la société acquiert un bien déterminé, elle l'évalue dans sa comptabilité à sa *valeur d'acquisition*. Ensuite, aussi longtemps que le bien reste dans le patrimoine de la société, il reste en principe comptabilisé à cette valeur d'acquisition. C'est le principe de l'évaluation « au coût historique ». Les valeurs comptables reflètent donc uniquement comment la société a utilisé les ressources mises à sa disposition (fonds propres ou fonds empruntés).

Comme la Cour de justice a eu l'occasion de le souligner, « la possibilité que certains actifs soient sous-estimés dans les comptes des sociétés [lisez : par rapport à leur valeur de marché] [...] n'est que le corollaire nécessaire des choix opérés par le législateur de l'Union à l'article 32 de la quatrième directive, en faveur d'une méthode d'évaluation fondée non pas sur la valeur réelle des actifs, mais sur le coût historique de ces derniers » (C.J.U.E., 3 octobre 2013, C-322/12, *GIMLE*, point 39).

En vertu du principe comptable de prudence, les dépréciations des biens par rapport à leur valeur d'acquisition doivent être exprimées dans les comptes, par le biais de la technique des amortissements et des réductions de valeur, sur lesquels je reviendrai.

§ 2. La comptabilité ne donne pas une image exhaustive du patrimoine de la société

7. Nous venons de voir que la comptabilité ne donne pas d'information sur la valeur de marché des actifs ou de la société en général.

Elle ne donne pas davantage une image exhaustive de son patrimoine. La comptabilité s'efforce de refléter la totalité du patrimoine et des opérations de la société, ou, comme le dit le Code de droit économique à propos de l'inventaire, la totalité « de ses avoirs et droits de toute nature, de ses dettes, obligations et engagements de toute nature relatifs à son activité et des moyens propres qui y sont affectés » (C.D.E., art. III.89, déjà reproduit *supra*). Mais elle ne le fait pas parfaitement.

Exemple

La société prend un immeuble en location pour neuf ans moyennant un loyer annuel de 12.000 EUR.

La conclusion de ce contrat ne donne pas lieu à la comptabilisation d'une dette de neuf x 12.000 EUR, car, d'une part, la dette de loyer naît au jour le jour, et, d'autre part, le loyer a pour contrepartie la jouissance de l'immeuble qui s'exerce également au jour le jour. Comptabiliser l'un sans l'autre donnerait une image faussée des résultats des différents exercices (charge importante la première année, aucune charge les huit années suivantes), et serait contraire au principe comptable de rattachement des charges aux produits.

Le droit comptable a pris ici le parti de ne pas enregistrer ce droit de jouissance comme un actif, et de comptabiliser son coût *prorata temporis*. Par exemple, si le bail entre en vigueur le 1er mars 2017, la société comptabilisera dans son compte de résultats au 31 décembre 2017 une charge de loyer de 10.000 EUR. On aurait pu retenir une solution différente, par exemple la comptabilisation du droit de jouissance de neuf ans comme un actif, amorti sur neuf ans, et du loyer comme une dette de neuf x 12.000 EUR prise en charge *prorata temporis* par le compte de résultats. C'est du reste la solution adoptée par le droit comptable si le loyer des neuf années est payé d'avance ou si le contrat de location remplit les conditions de la définition de la location-financement (*cf.* leasing, voy. *infra*).

Deuxième exemple

La valeur de marché d'une entreprise réside souvent pour une part prépondérante, ou en tout cas non négligeable, dans la valeur d'un actif immobilisé incorporel : la clientèle ou, plus largement, le goodwill (clientèle, savoir-faire, notoriété, etc.). En droit comptable belge, cet actif incorporel n'apparaît dans la comptabilité que s'il a été acquis auprès d'un tiers, et donc pas lorsque, comme c'est le plus souvent le cas, il a été créé au sein même de l'entreprise, par son activité au fil des ans.

Troisième exemple

La société donne un de ses actifs en gage pour sûreté de la dette contractée par une de ses filiales. Cet engagement comporte un risque, mais celui-ci est encore impossible à évaluer. Dans ce cas, le droit comptable prescrit uniquement de faire une mention dans l'annexe et de noter une sorte de « pense-bête » dans la comptabilité par une écriture en comptes dits « hors bilan » (voy. PCMN, classe 0).

§ 3. Qu'est-ce que le bilan ?

8. Le bilan est – compte tenu des limitations indiquées ci-dessus : règles d'évaluation, pas d'exhaustivité – une « photographie » du patrimoine de la société à la date de clôture de l'exercice comptable.

Simple « photographie » du patrimoine, le bilan ne fournit aucune indication sur le résultat de l'exercice, il ne permet en rien de dire si la société a fait un bénéfice ou une perte pendant l'exercice. C'est le compte de résultats, auquel nous viendrons *infra*, qui donne cette information.

9. Le bilan reflète la situation à la date de clôture de l'exercice comptable, sous une réserve, car il est établi « après répartition ».

Supposons une société qui tient sa comptabilité par année civile. Dans les premiers mois de 2018, le conseil d'administration doit établir l'inventaire des actifs et passifs au 31 décembre 2017 et préparer le projet de bilan arrêté au 31 décembre 2017 et le projet de compte de résultats reprenant les produits et les charges afférents à l'exercice 2017. Ces projets incluent les propositions du conseil d'administration en termes d'affectation du résultat : distribution d'un dividende et/ou mise en réserve. Ils sont soumis à l'assemblée générale des actionnaires, qui se tient en général en mai ; celle-ci arrête les comptes annuels et décide de l'affectation du résultat. Si l'assemblée générale décide de distribuer un dividende, cette décision sera donc prise dans le courant de 2018. Elle sera néanmoins reflétée dans le bilan au 31 décembre 2017 : le dividende décrété en 2018 y apparaîtra déjà comme une dette envers les actionnaires.

10. Le bilan reprend à l'actif les différents biens et droits de la société à la date de clôture de l'exercice, en les classant par fonction : « Actifs immobilisés » – « Actifs circulants ».

La notion d'immobilisation est fondamentale : elle désigne tous les actifs destinés à être affectés durablement à l'activité de l'entreprise, en d'autres termes ses instruments de travail. Un même bien peut avoir la nature d'immobilisation dans une entreprise et la nature de stock dans une autre.

Exemples

La société X exploite un magasin dans un immeuble dont elle est propriétaire. Cet immeuble est une immobilisation, plus précisément une « immobilisation corporelle ». Tout le matériel qui se trouve dans le magasin relève de même des immobilisations corporelles. De même la camionnette servant aux livraisons. En revanche, les produits dont la société fait le commerce sont des actifs circulants, plus précisément des stocks de marchandises.

Pour une société qui fait de la promotion immobilière, les immeubles construits en vue de les revendre ne sont pas des immobilisations mais du stock. Il y a d'ailleurs au bilan une rubrique spéciale parmi les stocks dénommée « Immeubles destinés à la vente ».

De même, des actions de sociétés sont tantôt des immobilisations financières tantôt des placements de trésorerie, selon l'importance de la participation de la société et l'objectif de détention de cette participation (*cf.* les définitions des rubriques dans l'AR/Soc).

11. Dans la partie inférieure du passif, le bilan mentionne toutes les dettes de la société à la date de clôture de l'exercice. Juste au-dessus figurent les « Provisions et impôts différés », qui représentent des dettes estimées mais pas encore nées.

12. La partie supérieure du passif reprend les capitaux propres. Elle diffère fondamentalement des autres parties du bilan, qui représentent des éléments concrets (des biens, des dettes, etc.). Les capitaux propres sont une pure abstraction : ce n'est rien d'autre que la différence entre le total des actifs et le total des dettes, bref, la valeur (comptable) de l'actif net de la société.

Si les capitaux propres sont divisés en différentes rubriques, c'est pour informer sur l'origine de cette valeur (est-ce du capital apporté à la société ou des bénéfices réalisés et mis en réserves ?) et parce que certaines de ces rubriques ont un statut juridique en droit des sociétés (capital, réserve légale).

Il reste que ce n'est qu'une abstraction. Par exemple, le fait qu'un bilan mentionne un montant important de réserves n'implique en rien que la société a des liquidités ; pour le savoir il faut regarder l'actif du bilan (qui lui-même ne donne que la situation à la date de clôture du bilan). La présence de réserves signifie seulement que l'activité de la société a dégagé un solde positif et que l'assemblée générale a décidé de ne pas le distribuer comme dividende.

§ 4. Qu'est-ce que le compte de résultats ?

13. Le compte de résultats ne mentionne également que des abstractions : c'est le compte-rendu de l'activité de la société pendant l'exercice, traduite en un montant de produits et de charges, dont la différence donne le bénéfice de l'exercice ou la perte de l'exercice.

Par *exemple*, si la société a vendu en 2017 une immobilisation corporelle et réalisé à cette occasion une plus-value (partie du prix qui excède la valeur comptable du bien au moment de sa cession), cette plus-value se traduira par un produit (rubrique « Produits d'exploitation non récurrents ») ; ce produit ne représente rien d'autre que la différence arithmétique entre le prix obtenu et la valeur comptable de l'immobilisation au moment de la vente. Le prix, lui, a été enregistré au moment de la vente dans un compte d'actif de bilan, probablement d'abord comme une créance (cas où le prix n'a pas été encaissé immédiatement), transformé lors de l'encaissement du prix en « valeur disponible » (compte en banque). Il est probable qu'il n'y aura pas de trace de ce prix dans le bilan établi à la clôture de l'exercice, parce que la somme aura entretemps servi à payer des dettes ou à acquérir de nouveaux actifs.

§ 5. La technique de la « partie double »

14. La comptabilité repose ainsi sur un ensemble de comptes, détaillés dans le « plan comptable minimum normalisé » (*supra*, Section 2 *in fine*), et regroupés dans le bilan et le compte de résultats.

Pour la facilité, ces comptes sont répartis dans des « classes » : les comptes d'actif de bilan, qui traduisent donc des biens et des droits, appartiennent aux classes 2, 3, 4 et 5 ; les comptes de passif de bilan représentant des dettes appartiennent aux classes 17 et 4. Les comptes de bilan de fonds propres appartiennent aux classes 10 à 14. Les comptes de résultats appartiennent à la classe 7 pour les produits et à la classe 6 pour les charges (*cf.* le schéma complet officiel des comptes annuels).

15. Dans la comptabilité en partie double, toute écriture comptable doit mouvementer deux comptes en sens inverse et pour un montant identique (ou parfois un premier compte dans un sens et deux comptes dans l'autre pour un total égal au montant inscrit dans le premier compte). Chaque compte comporte deux colonnes opposées : on appelle celle de gauche le « débit », celle de droite le « crédit » (ce sont des termes usuels, *cf.* sur un bateau les expressions bâbord et tribord).

Chaque opération que fait la société pendant l'exercice donne donc lieu, en principe le jour même, à une écriture comptable mouvementant au moins deux comptes. Certaines opérations ne dégagent ni produit ni charge et ne mettent dès lors en mouvement que deux comptes d'actif de bilan, ou deux comptes de passif de bilan, ou encore un compte d'actif de bilan et un compte de passif de bilan. Les opérations qui dégagent un produit ou une charge mettront en mouvement un compte d'actif ou de passif de bilan et un compte de produits ou de charges.

Exemple

La société Y a 100.000 euros sur son compte en banque ; elle achète une machine qui lui est livrée et facturée aujourd'hui, et qu'elle paie le mois suivant.

L'achat de la machine sera comptabilisé comme suit :

23... Installations, machines et outillage		100.000	
	à 440... Dettes commerciales fournisseurs		100.000

Le paiement de la facture sera comptabilisé comme suit :

440... Dettes commerciales fournisseurs		100.000	
	à 550... Établissements de crédit : comptes courants		100.000

Second exemple

La société Z prend un immeuble en location pour neuf ans, moyennant un loyer mensuel de 10.000 EUR.

La signature du bail n'entraîne aucune écriture comptable.

Chaque mois, le paiement du loyer sera comptabilisé comme suit (remarquez le compte de charges, classe 61) :

61... Services et biens divers		10.000	
	à 550... Établissements de crédit : comptes courants		10.000

Si le loyer du dernier mois de l'exercice n'est payable qu'au début du mois suivant, on comptabilisera, pour ce dernier mois :

61... Services et biens divers		10.000	
	à 492 Comptes de régularisation-Charges à imputer		10.000

Ainsi, à la fin de l'exercice, le compte de résultats reprendra parmi les charges le total des loyers afférents à l'exercice.

Le paiement du dernier loyer, au cours de l'exercice suivant, donnera lieu à l'écriture :

492 Comptes de régularisation-Charges à imputer		10.000	
	à 550... Établissements de crédit : comptes courants		10.000

SECTION 4.

LES ÉVALUATIONS DANS LES COMPTES : VALEUR D'ACQUISITION, AMORTISSEMENTS ET RÉDUCTIONS DE VALEUR, PLUS-VALUES EXPRIMÉES

§ 1. Valeur d'acquisition

16. Comme indiqué *supra*, le droit comptable prescrit de comptabiliser les actifs et passifs à leur valeur d'acquisition : prix d'acquisition, coût de revient ou valeur d'apport, selon que le bien a été acheté par la société, fabriqué par celle-ci ou apporté à celle-ci (AR/Soc, art. 35, al. 2). Des règles particulières précisent si l'on tient compte des frais accessoires d'acquisition (frais de transport, taxe éventuelle, etc.).

Cette règle est générale et s'applique aussi bien aux marchandises (biens destinés à être vendus par l'entreprise) qu'aux immobilisations (biens, meubles ou immeubles, destinés à servir de façon durable à l'activité de l'entreprise).

17. Le prix d'acquisition comprend les frais accessoires, tels que les impôts indirects non récupérables (par opposition à la TVA déductible), qui grèvent l'acquisition, et les frais de transport (AR/Soc, art. 36, al. 1er) – sauf, si la société en décide ainsi, pour les immobilisations financières et placements de trésorerie (AR/Soc, art. 41, § 2).

La valeur d'acquisition des immobilisations incorporelles et corporelles peut comprendre les intérêts intercalaires, c'est-à-dire les intérêts des capitaux empruntés pour financer ces immobilisations, dans la mesure où ces intérêts se rapportent à la période antérieure à la mise en état d'exploitation (AR/Soc, art. 38, al. 1er).

18. En ce qui concerne les biens fabriqués par l'entreprise elle-même, ils sont évalués au coût de revient, qui comprend :

– le prix d'acquisition des matières premières, matières consommables et fournitures ;
– les coûts de fabrication directement imputables au produit ou au groupe de produits considéré.

Si elle le souhaite, la société peut en outre inclure dans le coût de revient la quote-part des coûts de production qui ne sont qu'indirectement imputables au produit ou au groupe de produits considéré, pour autant que ces frais concernent la période normale de fabrication (AR/Soc, art. 37).

Les commandes en cours d'exécution peuvent être comptabilisées au coût de revient ou à ce coût majoré, compte tenu de l'état d'avancement de la commande, de l'excédent du prix convenu par rapport au coût de revient, lorsque cet excédent est devenu « raisonnablement certain » (AR/Soc, art. 71). Si la société use de cette faculté, cela fait naître un bénéfice imposable avant l'achèvement des travaux.

19. En revanche, la clientèle, ou plus largement le goodwill, constitué par la société n'est pas exprimé dans les comptes, sauf lorsqu'il a été acquis d'un tiers : la société doit comptabiliser parmi les Immobilisations incorporelles (rubrique II de l'actif du bilan) « le cout d'acquisition d'une entreprise ou d'une branche d'activité dans la mesure où il excède la somme des valeurs des éléments d'actifs et passifs qui la composent » (AR/Soc, art. 95, définition de la rubrique II de l'actif du schéma de bilan).

20. En cas d'acquisition d'un bien par voie d'échange, le prix d'acquisition est la valeur de marché des éléments d'actif cédés en échange ou, si cette valeur n'est pas aisément déterminable, la valeur de marché du bien obtenu par voie d'échange (AR/Soc, art. 36, al. 2 ; voy. pour les détails avis de la CNC n° 2013/7, 24 avril 2013).

L'échange peut donc dégager un résultat sur le bien donné en échange : plus-value ou moins-value selon que ce bien avait une valeur comptable inférieure ou supérieure à la valeur à laquelle doit être comptabilisé le bien acquis en échange.

21. Pour la société apporteuse, l'apport en société d'un bien implique, comme l'échange, l'acquisition d'un bien (parts de la société bénéficiaire de l'apport) en contrepartie de l'aliénation d'un autre bien (le bien apporté).

Chez la société apporteuse, l'article 41, § 1er, alinéa 1er, de l'AR/Soc prescrit de comptabiliser les parts de la société bénéficiaire de l'apport acquises en contrepartie de l'apport à la « la valeur conventionnelle des biens et valeurs apportés » ou à « la valeur de marché des biens et valeurs apportés » si cette valeur de marché est supérieure. L'apport dégage donc souvent un résultat chez l'apporteur.

Chez la société bénéficiaire de l'apport, l'article 39, alinéa 1er, de l'AR/Soc prescrit de comptabiliser les biens et valeurs reçus en apport à la « la valeur conventionnelle des apports », expression qui désigne, à notre avis, la valeur indiquée dans l'acte d'apport, c'est-à-dire le montant de l'augmentation de capital (majoré le cas échéant de celui de la prime d'émission) mentionné dans l'acte d'augmentation de capital, sans égard à la valeur de marché des biens apportés ou à la valeur de marché des parts émises en rémunération de l'apport. En conséquence, l'évaluation des biens apportés chez la société bénéficiaire des apports peut être inférieure à l'évaluation des parts sociales chez l'apporteur.

22. En ce qui concerne les avoirs dont les caractéristiques techniques ou juridiques sont identiques (par exemple : marchandises de même nature ; actions de même catégorie, émises par une même société), le prix d'acquisition peut être comptabilisé :

- soit par une individualisation du prix de chaque élément ;
- soit par application de la méthode des prix moyens pondérés ;
- soit par la méthode « fifo » (*first in, first out*) ;
- soit par la méthode « lifo » (*last in, first out*) (AR/Soc, art. 43).

En ce qui concerne spécialement les valeurs de portefeuille, la méthode d'individualisation (qui suppose qu'on note les numéros des titres dans la comptabilité) est à conseiller au point de vue fiscal : elle permet, en cas de vente d'une partie d'un lot de titres acquis à des moments et à des prix différents, de déterminer les titres vendus et, ainsi, le résultat de l'opération. La société a intérêt à dégager la plus-value la plus faible si la cession porte sur des obligations, car les plus-values sur obligations sont imposables, et la plus-value la plus forte si la cession porte sur des actions, car les plus-values sur actions sont en règles exonérées.

23. La société doit comptabiliser ses créances dès qu'elles sont certaines, sans attendre qu'elles deviennent exigibles.

L'article 33, alinéa 2, de l'AR/Soc précise qu'« il doit être tenu compte des charges et produits afférents à l'exercice [...] sans considération de la date de paiement ou d'encaissement de ces charges et produits ».

Les créances qui se traduisent par un produit doivent donc être comptabilisées comme telles pour l'exercice auquel elles sont « afférentes ».

Eu égard au principe comptable général de prudence (AR/Soc, art. 32), la CNC préconise à cet égard une conception plus économique que strictement juridique : elle préconise de n'enregistrer les produits liés à l'aliénation d'un bien ou à une prestation de services qu'à partir de l'exercice au cours duquel, selon le cas, « l'essentiel des risques sur le bien est transféré à l'acquéreur » ou « l'essentiel de la prestation, compte tenu de la nature du contrat ou du service en question est accompli ». Dans le cas de l'aliénation d'un bien, c'est au même moment, en principe, que le bien sera considéré comme réalisé et donc sortira du bilan (avis n° 2012/17 « Reconnaissance des produits et des charges », du 7 novembre 2012).

Par *exemple*, si la société vend un immeuble avec plus-value et que les parties conviennent, comme c'est l'usage, de reporter le transfert de propriété, et donc des risques (C. civ., art. 1138, al. 2), à la date de passation de l'acte authentique, la plus-value ne sera pas enregistrée comme produit à la date de signature de la promesse bilatérale de vente sous seing privé (appelée improprement compromis de vente) mais à la date de la signature de l'acte authentique (même avis).

Par application du même article 33, alinéa 2, de l'AR/Soc, les produits périodiques tels que loyers, intérêts, etc. seront comptabilisés en résultats *prorata temporis*.

Si la société encaisse un produit au cours d'un exercice antérieur à celui auquel il se rapporte, par exemple des loyers se rapportant à un ou plusieurs exercices suivants, elle comptabilisera ce produit au moment de l'encaissement mais le reportera immédiatement par le biais du compte « produits à reporter », au passif du bilan (voy. par exemple l'avis de la CNC n° 2012/17 précité, note 5).

Les créances doivent être comptabilisées à leur valeur nominale (AR/Soc, art. 67, § 1er).

En ce qui concerne les créances qui sont susceptibles d'avoir une incidence sur le compte de résultats (créance dont le montant est acté en tant que produit au compte de résultats ; prix de cession d'une immobilisation ou d'une branche d'activité), si la créance n'est exigible qu'à terme d'un an au moins et ne porte pas intérêt ou ne porte intérêt qu'à un taux anormalement faible, la comptabilisation à la valeur nominale à l'actif doit s'accompagner de la comptabilisation d'un escompte en compte de régularisation du passif et de la prise en résultat de cet escompte *prorata temporis* (AR/Soc, art. 67, § 2, c). Cette règle est applicable sur le plan fiscal mais le taux d'escompte pris en considération est limité (CIR, art. 363).

24. Les dettes doivent être portées à un poste de passif du bilan au moment où elles acquièrent un caractère certain et liquide.

Comme le compte de résultats doit enregistrer toutes les charges « afférentes à l'exercice » (AR/Soc, art. 33, al. 2), les charges « nées au cours de l'exercice » seront enregistrées comme dettes même si elles « n'ont pas encore donné naissance à un titre juridique d'endettement mais [que] leur montant est déterminé ou susceptible d'être déterminé avec précision » (AR/Soc, art. 95, § 2, VIII et IX). Ainsi, le montant d'ISoc afférent au bénéfice de l'exercice qui n'a pas été couvert par des versements anticipés sera comptabilisé comme dette à un an au plus (rubrique IX, E, du passif du bilan) bien que la dette d'impôt ne naîtra juridiquement qu'au moment de son enrôlement. Ici aussi, le droit comptable a donc une approche plus économique que strictement juridique.

Les dettes sont comptabilisées pour leur montant nominal, sous réserve des exceptions examinées *supra* à propos des créances, qui sont applicables aux dettes *mutatis mutandis* (AR/Soc, art. 77).

Si la charge future est certaine mais indéterminée quant à son montant, ou si elle est simplement probable, le principe comptable de prudence impose de prendre en charge son montant estimé et de comptabiliser un passif corrélatif au bilan : c'est la technique des provisions pour risques et charges.

En vertu du principe de rattachement des charges aux produits (« *matching principle* »), les charges générées par une vente ou une prestation sont enregistrées comme charges dans le compte de résultats en même temps que le produit généré par cette vente ou prestation (voy. avis de la CNC précité n° 2012/17 « Reconnaissance des produits et des charges », du 7 novembre 2012).

25. Sont portés à l'actif à la rubrique « frais d'établissement », « s'ils ne sont pas pris en charge à un autre titre durant l'exercice au cours duquel ils ont été exposés, les frais qui se rattachent à la constitution, au développement ou à la restructuration de la société, tels que les frais de constitution ou d'augmentation de capital, les frais d'émission d'emprunts et les frais de restructurations » (AR/Soc, art. 95, définition de la rubrique I de l'actif du schéma de bilan). Il s'agit moins d'un véritable actif que d'un procédé comptable destiné à éviter que des frais importants pèsent sur les résultats d'un seul exercice : ces frais sont activés et ensuite pris en charge sur plusieurs exercices par la voie d'un amortissement.

26. Les frais de développement (frais de fabrication et mise au point de prototypes, inventions, produits et savoir-faire nouveaux) peuvent être portés à l'actif au titre d'immobilisations incorporelles dans la mesure où leur coût de revient « ne dépasse pas une estimation prudemment établie de la valeur d'utilisation de ces immobilisations ou de leur rendement futur pour la société » (AR/Soc, art. 95, définition de la rubrique II « Immobilisations incorporelles », de l'actif du schéma de bilan, point a, et art. 60, al. 1er).

§ 2. Amortissements et réductions de valeur

27. En droit comptable, on traduit la dépréciation d'un actif par la technique de *l'amortissement* dans le cas des *immobilisations dont l'utilisation est limitée dans le temps*, et par celle de la *réduction de valeur* dans le cas des autres actifs : immobilisations à durée de vie illimitée (terrain, valeurs de portefeuille) et actifs circulants.

Les immobilisations amortissables sont tantôt corporelles (par exemple : bâtiment, outillage, véhicule), tantôt incorporelles (par exemple : brevet acheté à un tiers, frais de recherche et de développement engagés par la société elle-même).

Attention en cas d'acquisition d'un immeuble bâti : la partie du prix qui se rapporte au terrain n'est pas amortissable et devra être séparée, à l'actif du bilan, de la partie du prix se rapportant au bâtiment.

28. Aux termes de l'article 45 de l'AR/Soc, on entend par *amortissements* « les montants pris en charge par le compte de résultats, relatifs [...] aux immobilisations incorporelles et corporelles dont l'utilisation est limitée dans le temps, en vue [...] de répartir [...] le coût d'acquisition [...] de ces immobilisations sur leur durée d'utilité ou d'utilisation probable ».

La définition de l'AR/Soc présente donc l'amortissement comme la prise en charge par le compte de résultats d'un coût d'acquisition réparti sur un certain nombre d'années.

D'après une autre conception, l'amortissement est la constatation annuelle, suivant un programme déterminé d'avance, de la diminution de valeur des immobilisations qui se déprécient avec le temps, soit par usure, soit par déclassement économique. Cette dernière définition fait mieux apparaître le lien qui existe entre les amortissements des immobilisations dont la durée d'utilisation est limitée et les réductions de valeur des autres éléments d'actif et elle explique que, dans le bilan, les amortissements soient déduits de la valeur de l'actif auxquels ils se rapportent (AR/Soc, art. 45, *in fine*).

Les amortissements ne sont pas comptabilisés en vérifiant la dépréciation réelle du bien chaque année mais systématiquement en suivant un *plan d'amortissement* arrêté en principe une fois pour toutes (AR/Soc, art. 64, § 1er).

On commence par déterminer la *durée de vie probable* du bien, suivant les usages. Par *exemple*, la durée usuelle d'amortissement est de 20 ans pour les bâtiments industriels, 33 ans pour les bâtiments à usage de bureaux, cinq ans pour les automobiles (*Com.IR 92*, nos 61/120, 61/123 et 61/134). La durée de vie probable divisée par 100 donne le *taux d'amortissement*. Par *exemple*, si la durée d'utilisation probable d'un camion est de cinq ans, le taux annuel d'amortissement sera de 20 % (100 divisé par 5).

On applique alors une *méthode d'amortissement*, en principe soit la méthode *linéaire*, soit la méthode *dégressive*.

Dans la méthode *linéaire*, on applique chaque année le taux d'amortissement sur le prix d'acquisition du bien. La société déduit donc annuellement une quotité *constante* de la valeur d'acquisition.

Dans la méthode d'amortissement *dégressif*, qui trouve du reste sa base dans la réglementation fiscale (CIR, art. 64 et AR/CIR, art. 36 à 43), on

- applique un taux d'amortissement double du taux d'amortissement linéaire ;
- déduit chaque année de la base de calcul de l'amortissement le montant des amortissements déjà pratiqués (d'où le caractère dégressif de l'amortissement) ;
- revient à l'amortissement linéaire à partir du moment où l'annuité d'amortissement dégressif n'excède plus celle que donnerait la méthode linéaire.

Des amortissements complémentaires ou exceptionnels doivent être actés lorsque la valeur comptable des immobilisations amortissables dépasse leur valeur d'utilisation par la société « en raison de leur altération ou de modification de circonstances économiques ou technologiques » (AR/Soc, art. 61, § 1er, al. 2, et 64, § 1er, al. 2).

29. Par *réductions de valeur*, on entend « les abattements apportés au prix d'acquisition des éléments de l'actif autres que les immobilisations sujettes à amortissement, et destinés à tenir compte de la dépréciation, définitive ou non, de ces derniers à la date de clôture de l'exercice » (AR/Soc, art. 45, al. 2).

Les biens sujets à réductions de valeur sont donc :

- les stocks (approvisionnements, produits finis, marchandises) ;
- les encours de fabrication et les commandes en cours d'exécution ;
- les terrains, même s'ils font partie de l'actif immobilisé ;
- les immeubles acquis ou construits en vue de la vente ;
- les valeurs de portefeuille, que celles-ci constituent ou non des immobilisations financières ;
- les créances.

Les critères de comptabilisation d'une réduction de valeur varient selon le type d'actif.

Exemples

Les *stocks* doivent faire l'objet d'une réduction de valeur dès que leur valeur de marché à la date de clôture de l'exercice comptable est inférieure à la valeur d'acquisition.

Les *immobilisations incorporelles et corporelles* dont l'utilisation n'est pas limitée dans le temps ne font l'objet de réductions de valeur « qu'en cas de moins-value ou de dépréciation durable », et les *participations comptabilisées en immobilisations financières* qu'en cas de « dépréciation durable justifiée par la situation, la rentabilité ou les perspectives de la société dans laquelle la participation ou les actions sont détenues » (AR/Soc, art. 69, § 1er, al. 1er, 61, § 2, 64, § 2, et 66, § 2, al. 1er).

30. Les *réductions de valeur* ne peuvent être maintenues dans la mesure où elles excèdent, à la fin d'un exercice, une appréciation actuelle, selon les critères de prudence, sincérité et bonne foi, de la dépréciation en considération de laquelle elles ont été constituées : en pareil cas, la société doit comptabiliser une reprise de réduction de valeur (AR/Soc, art. 49).

Il en va de même lorsqu'un *amortissement exceptionnel ou complémentaire* a été comptabilisé et s'avère ne plus être justifié (AR/Soc, art. 61, § 1er, al. 3, et 64, § 1er, al. 3).

Les montants ainsi repris sont comptabilisés en produits au compte de résultats (AR/Soc, art. 89, rubriques II.E et V.B du compte de résultats).

Les reprises de réduction de valeur sur immobilisations incorporelles et corporelles peuvent toutefois aussi être actées directement au compte « plus-value de réévaluation », comme les plus-values exprimées (AR/Soc, art. 100, 2°).

§ 3. Plus-values exprimées

31. En comptabilité, exprimer une plus-value, c'est constater dans l'inventaire, en fin d'exercice, une augmentation de valeur d'un élément d'actif par rapport à sa valeur comptable. La plus-value exprimée s'oppose à la plus-value réalisée, qui résulte de l'aliénation du bien.

En vertu du principe de prudence qui gouverne les évaluations (C.D.E., art. III.89 ; AR/Soc, art. 32), la société n'est en principe *pas tenue* d'exprimer une plus-value sur un élément d'actif tant qu'elle n'aliène pas celui-ci.

Pour certains actifs, tels que les stocks et commandes en cours d'exécution, l'expression d'une plus-value est même *interdite*.

La société *peut* exprimer une plus-value sur les *immobilisations corporelles* et sur les *parts de sociétés constituant des immobilisations financières*, « lorsque la valeur de celles-ci, déterminée en fonction de leur utilité pour la société, présente un excédent certain et durable par rapport à leur valeur comptable ». En outre, « si les actifs en cause sont nécessaires à la poursuite de l'activité de la société ou d'une partie de ses activités, ils ne peuvent être réévalués que dans la mesure où la plus-value exprimée est justifiée par la rentabilité de l'activité de la société ou par la partie concernée de ses activités » (AR/Soc, art. 57, § 1er, al. 1er).

Les plus-values exprimées ne sont pas un bénéfice mais une espérance de bénéfice ; l'augmentation de la valeur comptable de l'actif réévalué n'a dès lors pas pour contrepartie un produit dans le compte de résultats mais une réserve spéciale au passif du bilan, appelée « Plus-values de réévaluation », qui n'est pas distribuable comme dividende.

Lorsque la plus-value exprimée se rapporte à un bien amortissable, le droit comptable prescrit de calculer ensuite les amortissements par rapport à la valeur réévaluée (AR/Soc, art. 57, §§ 2 et 3).

§ 4. Un régime comptable particulier : la location-financement ou leasing

32. Le leasing est une opération pour laquelle le droit comptable s'écarte de la réalité juridique et se base sur *l'économie de l'opération*.

En effet, le droit comptable prescrit de comptabiliser à l'actif du bilan, parmi les immobilisations corporelles, la *valeur des droits d'usage* que la société a sur des biens corporels affectés durablement à l'activité de l'entreprise en vertu d'un « contrat de location-financement ou de contrat similaire » répondant à une série de conditions. La société n'est pas propriétaire du bien qu'elle prend en leasing (par exemple, un immeuble ou du matériel informatique) et ne dispose généralement que d'un droit d'usage personnel (par opposition à réel) sur ce bien, mais le droit comptable traite le bien comme si la société l'avait acheté en se finançant par un emprunt.

33. Pour qu'il y ait « location-financement ou droits similaires » au sens du droit comptable, sur un *immeuble bâti*, il faut (AR/Soc, art. 62) :

a) que le contrat (contrat de location-financement ou contrat similaire, contrat d'emphytéose ou de superficie) confère au preneur un *droit d'usage à long terme* sur le bien, et

b) que les redevances échelonnées dues en vertu du contrat couvrent, outre les intérêts et les charges de l'opération, la *reconstitution intégrale du capital investi* par le donneur dans la construction.

Cas particulier : si, lors de la conclusion de l'opération, le preneur ou un tiers s'est engagé, *éventuellement à l'option du donneur*, à acquérir les droits réels que le donneur possède sur le bien, le prix prévu par cet engagement ou promesse unilatérale d'achat est assimilé à une redevance. Lorsque l'engagement ou la promesse unilatérale d'achat émane non du preneur mais d'un tiers (en général, une société du groupe dont le preneur fait partie), le prix d'achat est assimilé à une redevance uniquement chez le donneur ; il reste donc sans effet sur le traitement de l'opération dans les comptes annuels du preneur.

L'idée directrice est la suivante : il y a location-financement chaque fois que le donneur en leasing ne conserve pas le risque financier inhérent à la propriété du bien.

La définition implique qu'il n'est pas indispensable que le preneur dispose d'une option d'achat sur le bien.

34. La définition de la location-financement sur biens *meubles* est similaire mais ici le prix de l'option d'achat, lorsqu'elle existe, est prise en compte pour déterminer s'il y a reconstitution du capital investi, si elle ne dépasse pas 15 % du capital investi.

35. Le *donneur* ne comptabilise pas le bien, dont il est pourtant propriétaire, à l'actif de son bilan mais comptabilise *une créance*, égale à la partie des redevances à échoir représentant la reconstitution du capital investi dans la construction ou le bien mobilier (voy. AR/Soc, art. 95, définition de la rubrique V de l'actif), tout comme s'il avait vendu le bien en faisant crédit pour le prix.

Le donneur ne peut donc plus comptabiliser le bien à son actif ni l'amortir : l'opération est traitée comme une vente à tempérament.

Le *preneur* en leasing comptabilise comme *immobilisation corporelle* la partie des redevances prévues au contrat (dans le sens qui a été défini) représentant la reconstitution en capital de la valeur de la construction ou du bien mobilier (AR/Soc, art. 62). Les engagements corrélatifs portés au passif sont évalués chaque année à la fraction des versements afférents aux exercices ultérieurs qui représente la reconstitution en capital de la valeur du bâtiment ou du bien mobilier qui fait l'objet du contrat.

Comme un bien détenu en vertu d'une location-financement est une immobilisation en comptabilité, il doit être amorti par le preneur (AR/Soc, art. 62).

Exemple

À la demande du futur preneur, une société de leasing achète un terrain au prix de 100, y construit un bâtiment pour 400, et donne le tout en leasing pour une durée de vingt ans non résiliable. Elle réclame au preneur une redevance annuelle calculée de manière à correspondre (a) à un intérêt annuel sur le prix du terrain (100) et (b) aux annuités de remboursement d'un prêt à intérêt d'un montant égal au coût de la construction (400). Dans l'hypothèse où les redevances dues sur la durée du contrat dépassent la somme de ces deux éléments, déterminés sur la base d'un taux d'intérêt de marché, la société A réalise immédiatement une plus-value imposable sur le bâtiment.

36. La location-financement ne doit pas nécessairement porter sur un bien que le donneur a acquis en vue de l'opération. Lorsqu'elle porte sur un immeuble dont le donneur est propriétaire depuis un certain temps, le capital investi par le donneur correspond, selon la CNC, à la valeur de marché de celui-ci au moment de l'opération (avis 2015/4 « location-financement », n° 11, disponible sur le site internet de la CNC www.cnc-cbn.be). Tout contrat de bail ou d'emphytéose est donc susceptible d'être une location-financement, même si les parties n'ont pas eu l'intention de conclure une opération financière : il suffit que les loyers ou redevances dus pour la période pendant laquelle le locataire ou emphytéote est irrévocablement tenu couvrent économiquement la valeur vénale du bâtiment et un intérêt normal sur la valeur vénale du bâtiment et du terrain.

Cette règle peut être lourde de conséquence puisque, dans la mesure où les loyers ou redevances couvrent plus que ces deux éléments, la conclusion du contrat entraîne pour le propriétaire la réalisation d'une plus-value imposable sur le bâtiment.

L'essentiel de la réforme de l'impôt des sociétés

François Henneaux

Avocat au barreau de Bruxelles
Assistant à l'Université libre de Bruxelles

1. La présente contribution brosse un panorama de la loi du 25 décembre 2017 portant réforme de l'impôt des sociétés(1).

La réforme abaisse les taux de l'impôt des sociétés, sur la base du constat que ceux-ci étaient parmi les plus hauts de l'Union européenne et de l'OCDE(2) (*infra*, section 1). Elle apporte en outre quelques autres allègements fiscaux (*infra*, section 2).

L'objectif n'est pas, pour autant, de diminuer la charge globale que représente l'impôt des sociétés, le législateur entendant assurer la neutralité budgétaire de la réforme. C'est pourquoi la baisse des taux s'accompagne de mesures, issues pour partie de l'obligation de transposer la directive européenne anti-évasion fiscale(3), qui élargissent la base imposable (*infra*, section 3).

SECTION 1.

ABAISSEMENT DES TAUX

2. Avant la réforme, le taux ordinaire effectif de l'impôt des sociétés s'élevait à 33,99 %, taux que l'on obtenait en majorant le taux nominal de 33 % de la contribution complémentaire de crise de trois centimes additionnels(4).

Ce taux a été abaissé à 29,58 %, le taux nominal ayant été ramené à 29 % et la contribution complémentaire de crise à deux centimes additionnels(5). Il s'applique à partir de l'exercice d'imposition 2019 pour autant que la période imposable n'ait pas commencé avant le 1er janvier 2018(6).

(1) *M.B.*, 29 décembre 2017 (ci-après « la loi du 25 décembre 2017 »). Cette loi est issue d'une proposition de loi déposée à la Chambre des représentants le 20 décembre 2017 (*Doc. parl.*, Ch. repr., sess. 2017-2018, n° 2864/1, ci-après « la proposition de loi »). Cette proposition de loi reprend des dispositions qui figuraient à l'origine dans un projet de loi plus large, « relatif à la relance économique et au renforcement de la cohésion sociale » (*Doc. parl.*, Ch. repr., sess. 2017-2018, n° 2839/1).

À l'heure d'écrire ces lignes, le Conseil des ministres a approuvé, en première lecture, un avant-projet de loi « portant des dispositions diverses en matière d'impôts sur les revenus » qui vise notamment à apporter quelques corrections à la loi du 25 décembre 2017 : voy. *Fiscologue* n° 1549 du 12 janvier 2018, p. 1.

(2) Voy. les développements de la proposition de loi citée à la note précédente, pp. 3 et s.

(3) Directive 2016/1164/UE du Conseil du 12 juillet 2016 établissant des règles pour lutter contre les pratiques d'évasion fiscale qui ont une incidence directe sur le fonctionnement du marché intérieur. Une directive ultérieure l'a modifiée (directive 2017/952/UE du Conseil du 29 mai 2017 modifiant la directive 2016/1164/UE en ce qui concerne les dispositifs hybrides faisant intervenir des pays tiers).

(4) Code des impôts sur les revenus 1992, ci-après « CIR », art. 215, al. 1er, et 463*bis*, § 1er, avant leur modification par la loi du 25 décembre 2017.

(5) CIR, art. 215, al. 1er, et 463*bis*, § 1er, 1°, à la suite de leur modification par les art. 54, 1°, et 82 de la loi du 25 décembre 2017.

(6) Loi du 25 décembre 2017, art. 86, A. Toute modification de la date de clôture de l'exercice comptable à partir du 26 juillet 2017 demeure sans effet (loi du 25 décembre 2017, art. 86, D).

Ce taux sera à nouveau abaissé, cette fois à 25 %, à partir de l'exercice d'imposition 2021 pour autant que la période imposable ne commence pas avant le 1er janvier 2020 (7). Il correspondra alors au seul taux nominal, la contribution complémentaire de crise disparaissant à ce moment-là (8).

3. La réforme instaure un taux réduit unique de 20 % sur les premiers cent mille euros de bénéfice imposable des petites sociétés au sens de l'article 15, §§ 1er à 6, du Code des sociétés (ci-après les « petites sociétés ») (9). Comme le nouveau taux ordinaire, ce taux réduit s'applique à partir de l'exercice d'imposition 2019 pour autant que la période imposable n'ait pas commencé avant le 1er janvier 2018 (10). Le taux réduit effectif est légèrement plus élevé pour les exercices d'imposition 2019 et 2020 – il est de 20,40 % – en raison du maintien provisoire, quoique ramenée à deux centimes additionnels, de la contribution complémentaire de crise.

L'avantage procuré par le nouveau taux réduit unique est en général plus élevé que celui découlant du système d'avant la réforme. Ce système prévoyait deux taux réduits, le premier de 24,98 % pour la tranche du bénéfice imposable comprise entre 0 et 25.000 EUR et le second de 31,93 % pour la tranche du bénéfice imposable comprise entre 25.000 et 90.000 EUR, ainsi qu'un taux de rattrapage de 35,54 % pour la tranche du bénéfice imposable comprise entre 90.000 et 322.500 EUR (11). Il en résultait que l'économie d'impôt croissait jusqu'à ce que le bénéfice imposable atteigne 90.000 EUR, où elle culminait à 3.592 EUR, pour décroître ensuite linéairement, en s'éteignant au-delà d'un bénéfice imposable de 322.500 EUR (12). En revanche, dans le nouveau système, l'économie d'impôt sur les premiers 100.000 EUR, à savoir 5.000 EUR en tenant compte du taux ordinaire de 25 % qui s'appliquera à terme, demeure acquise aux petites sociétés quel que soit le montant de leur bénéfice imposable.

(7) Loi du 25 décembre 2017, art. 54, 3°, et 86, B2.

(8) Loi du 25 décembre 2017, art. 83 et 86, B2.

(9) CIR, art. 215, al. 2, tel que modifié par l'art. 54, 1°, de la loi du 25 décembre 2017. En vertu de l'article 15, § 1er, du Code des sociétés, une « petite société » est celle qui ne dépasse pas deux des trois critères suivants : travailleurs occupés, en moyenne annuelle : 50 ; chiffre d'affaires annuel hors TVA : 9 millions d'euros ; total du bilan : 4,5 millions d'euros.

Même petites, certaines sociétés ne bénéficient pas du taux réduit, en raison de leur assujettissement au régime de l'article 185*bis* du CIR qui limite leur base imposable à quelques éléments de revenu (CIR, art. 215, al. 3, 6°).

(10) Loi du 25 décembre 2017, art. 86, A.

(11) CIR, art. 215, al. 2, avant sa modification par l'art. 54, 1°, de la loi du 25 décembre 2017.

(12) En réalité, en raison de la légère distorsion causée par la contribution complémentaire de crise, l'économie d'impôt disparaissait un peu avant que ce seuil ne soit atteint.

4. Avant comme après la réforme, le bénéfice, hier du tarif progressif, aujourd'hui du taux réduit unique, est soumis à plusieurs conditions.

Deux conditions demeurent inchangées : la moitié des actions ou parts représentatives du capital social de la société ne peuvent pas être détenues par une ou plusieurs autres sociétés ; et la société elle-même ne peut pas détenir des actions ou parts dont la valeur d'investissement excède 50 %, soit de la valeur réévaluée du capital libéré, soit du capital libéré augmenté des réserves taxées et des plus-values comptabilisées (13).

Une condition disparaît, la réforme assouplissant le régime sur ce point : celle selon laquelle les dividendes ne peuvent pas excéder 13 % du capital libéré au début de la période imposable (14).

En revanche, la réforme durcit la condition qui prévoit l'attribution d'une rémunération minimale à au moins un dirigeant d'entreprise, celle-ci passant de 36.000 EUR à 45.000 EUR (15). Toutefois, si le bénéfice imposable n'atteint pas cette rémunération minimale, il suffira alors, comme dans l'ancien système, d'avoir attribué une rémunération égale ou supérieure à ce bénéfice imposable (16). Et – nouveauté introduite par la réforme – les sociétés « débutantes », au sens indiqué *infra*, n° 9, sont dispensées du respect de cette condition (17).

SECTION 2.

AUTRES ALLÈGEMENTS FISCAUX

5. La réforme comporte deux mesures en faveur des sociétés qui ont des actions ou parts d'une autre société.

D'une part, la déduction pour revenus définitivement taxés passe de 95 % à 100 % (18). Cette déduction prévient la double imposition économique, en permettant à la société actionnaire ou associée de déduire, désormais à concurrence de leur totalité, les sommes qui lui sont distribuées et qui ont déjà été taxées en amont (19). Elle suppose que les actions

(13) CIR, art. 213, al. 3, 1° et 3°.

(14) Loi du 25 décembre 2017, art. 54, 2° (abrogation de cette condition).

(15) CIR, art. 215, al. 3, 4°, avant et après sa modification par l'art. 54, 4°, de la loi du 25 décembre 2017.

(16) *Ibid.* Ainsi, si le bénéfice imposable est de 40.000 EUR, il faudra, pour bénéficier du taux réduit, avoir attribué une rémunération égale ou supérieure à 40.000 EUR à au moins un dirigeant d'entreprise.

(17) *Ibid.*

(18) CIR, art. 204, avant et après sa modification par l'art. 45 de la loi du 25 décembre 2017.

(19) *Cf.* CIR, art. 202, § 1er.

ou parts représentent 10 % au moins du capital de la société distributrice ou aient une valeur d'investissement d'au moins 2,5 millions d'euros, qu'elles aient été ou soient conservées en pleine propriété pendant une période ininterrompue d'au moins un an, et que l'imposition en amont soit suffisante (20).

D'autre part, l'imposition de 0,412 % sur certaines plus-values réalisées sur actions ou parts est supprimée (21). Cette imposition frappait la plus-value réalisée par une société autre qu'une petite société qui, si elle avait été réalisée par une petite société, aurait été totalement exonérée. Nous verrons cependant (*infra*, n°s 18 et s.) qu'à titre de mesure compensatoire, la réforme restreint le champ d'application de l'exonération.

Ces deux dispositions s'appliquent à partir de l'exercice d'imposition 2019 pour autant que la période imposable n'ait pas commencé avant le 1er janvier 2018 (22).

6. La déduction ordinaire pour investissement passe de 8 à 20 % du prix d'acquisition ou du coût de revient pour les immobilisations acquises ou constituées en 2018 ou en 2019 (23).

Seules les petites sociétés bénéficient de cette déduction (24) qui s'applique aux immobilisations corporelles ou incorporelles neuves et amortissables en trois ans au moins (25).

7. La réforme introduit un embryon de consolidation fiscale en permettant à une société de faire déclarer tout ou partie de son bénéfice par une autre société du groupe, à concurrence de la perte que cette dernière aurait sinon éprouvée pour la période imposable (26).

Ce régime s'appliquera à partir de l'exercice d'imposition 2020 pour autant que la période imposable ne commence pas avant le 1er janvier 2019. Il se traduira, dans le Code des impôts sur les revenus, par la création d'une nouvelle déduction dénommée « déduction des transferts intra-groupe » (27).

---

(20) CIR, art. 202, § 2, et art. 203.

(21) Loi du 25 décembre 2017, art. 55, 5° (abrogation de l'art. 217, al. 1er, 3°, du CIR).

(22) Loi du 25 décembre 2017, art. 86, A.

(23) Loi du 25 décembre 2017, art. 12, qui complète en ce sens l'art. 69, § 1er, al. 1er, 1°, du CIR.

(24) CIR, art. 201, § 1er, al. 1er, 1° et 2°.

(25) CIR, art. 68 et 75, 4°.

(26) L'attention du lecteur est attirée sur ce que certains aspects de ce régime seront modifiés si l'avant-projet mentionné à la note 1 devient loi.

(27) Loi du 25 décembre 2017, art. 47 et 48.

La notion de « groupe » est ici très restrictive. Elle suppose soit une participation directe d'au moins 90 % du capital (société mère et filiale), soit qu'une société dispose d'une participation directe d'au moins 90 % dans le capital des sociétés concernées (sociétés sœurs), et ce de façon ininterrompue pendant la période imposable et les quatre périodes imposables antérieures (28).

Les sociétés concernées devront conclure une « convention de transfert intra-groupe » (29), ce qu'elles pourront faire après la clôture de la période imposable (30).

La société qui opèrera la déduction devra verser à celle qui déclarera le bénéfice une « compensation » d'un montant égal à l'impôt dont elle aurait été redevable (31). Cette compensation n'est ni déductible chez la société qui la verse ni imposable chez la société qui la reçoit (32), ce qui permet d'éviter tout « brutage ».

SECTION 3.

MESURES COMPENSATOIRES

§ 1. Cotisation distincte visant à lutter contre la substitution d'un dividende à de la rémunération de dirigeant d'entreprise

8. Le législateur a craint qu'à la suite de la réforme, les sociétés ne préfèrent distribuer un dividende aux associés qui exercent une activité en leur sein, plutôt que de leur attribuer de la rémunération de dirigeant d'entreprise (33). Les sociétés peuvent déduire de leur base imposable, contrairement aux dividendes, les rémunérations de dirigeant d'entreprise (34), mais l'abaissement des taux d'impôt des sociétés a amenuisé la différence de charge fiscale qui en résulte. Et pour le bénéficiaire, recevoir un dividende est plus avantageux : le dividende est imposable distinctement par

(28) CIR, art. 205/5 nouveau, § 2.

(29) *Ibid.*

(30) Voy. l'exemple dans les développements de la proposition de loi, *Doc. parl.*, Ch. repr., sess. 2017-2018, n° 2864/1, pp. 85 à 88. Cette convention ne peut porter que sur une période imposable (CIR, art. 205/5 nouveau, § 3, al. 3).

(31) CIR, art. 205/5 nouveau, § 3, al. 6.

(32) Loi du 25 décembre 2017, art. 39, 9° (insertion dans le CIR d'un nouvel art. 198, 15°/1) et art. 35 (insertion dans le CIR d'un nouvel art. 194*septies*).

(33) Développements de la proposition de loi, *Doc. parl.*, Ch. repr., sess. 2017-2018, n° 2864/1, p. 102.

(34) *Cf.* CIR, art. 185, § 1er, et art. 195.

la voie de la retenue d'un précompte mobilier qui s'élève au maximum à 30 % (35), tandis que la rémunération de dirigeant d'entreprise est soumise au tarif progressif de l'impôt des personnes physiques et aux cotisations de sécurité sociale.

Pour contrer partiellement ce phénomène, le législateur a instauré une cotisation distincte, dont la base imposable est définie à partir de la condition de rémunération minimale en matière de taux réduit, mais qui est applicable à toutes les sociétés. La base imposable correspond à la différence entre, d'une part, 45.000 EUR ou le bénéfice imposable si celui-ci est inférieur à ce montant, et, d'autre part, la rémunération la plus élevée attribuée à un dirigeant d'entreprise (36). Ainsi, si le bénéfice imposable est de 120.000 EUR et que la rémunération la plus élevée est de 30.000 EUR, la base imposable sera de 15.000 EUR ; si le bénéfice imposable est de 35.000 EUR, la base imposable sera de 5.000 EUR.

Cette cotisation s'applique à partir de l'exercice d'imposition 2019 pour autant que la période imposable n'ait pas commencé avant le 1er janvier 2018 (37). Le taux d'imposition est, dans un premier temps, de 5,1 % (38). Il passera à 10 % à partir de l'exercice d'imposition 2021 pour autant que la période imposable ne commence pas avant le 1er janvier 2020 (39). Cette augmentation s'explique par la diminution corrélative du taux ordinaire de l'impôt des sociétés (voy. *supra*, n° 2).

La cotisation est déductible de la base imposable à l'impôt des sociétés (40).

9. Pour les petites sociétés, la cotisation se s'applique pas pendant les quatre premières périodes imposables à partir de leur constitution.

Toutefois, lorsque la petite société poursuit une activité qui était exercée auparavant par une autre personne, ce délai de quatre ans commence à courir à partir de la première inscription de cette autre personne à la Banque-carrefour des entreprises, s'il s'agit d'une personne physique, ou à partir de la constitution de cette autre personne, s'il s'agit d'une personne morale (41).

(35) CIR, art. 171, 3°, 3°*quater*, 3°*sexies* et 3°*septies* ; art. 261, 1° ; art. 269, § 1er, 1°, 3° et 8°, et § 2 ; art. 313.
(36) CIR, art. 219*quinquies*, inséré par l'art. 59 de la loi du 25 décembre 2017, §§ 1er et 2.
(37) Loi du 25 décembre 2017, art. 86, A.
(38) CIR, art. 219*quinquies* nouveau, § 3, lu en combinaison avec l'art. 463*bis* nouveau, § 1er, al. 1er.
(39) Loi du 25 décembre 2017, art. 60 et 86, B2.
(40) CIR, art. 198, § 1er, 1°, tel que modifié par l'art. 39, 1°, de la loi du 25 décembre 2017.
(41) CIR, art. 219*quinquies* nouveau, § 5, qui renvoie à l'art. 145^{26}, § 1er, al. 4.

10. Si la société a plusieurs dirigeants, il lui faudra, pour échapper à la cotisation, avoir attribué à au moins un dirigeant une rémunération de 45.000 EUR ou, si le bénéfice imposable est inférieur à ce montant, une rémunération égale ou supérieure au bénéfice imposable (42). Ainsi, une société dont le bénéfice imposable est de 50.000 EUR et qui a attribué une rémunération de 30.000 EUR à trois dirigeants subira la cotisation distincte, même si au total les rémunérations attribuées s'élèvent à 90.000 EUR.

En revanche, si une personne est dirigeant de plusieurs sociétés, il en sera tenu compte lorsque ces sociétés sont liées au sens du droit des sociétés (43) et qu'au moins la moitié des dirigeants sont les mêmes personnes dans chacune des sociétés concernées (44). En pareille hypothèse, l'ensemble des rémunérations versées par ces sociétés « peut être pris en considération », le seuil de 45.000 EUR étant alors porté à 75.000 EUR (45).

§ 2. Régime moins favorable pour les réductions de capital par remboursement aux associés

11. Un nouveau régime, fort complexe, gouverne les réductions de capital décidées à partir du 1er janvier 2018 (46).

Avant d'en exposer les grandes lignes (*infra*, nos 15 à 17), il est indispensable, pour en comprendre l'esprit, de résumer brièvement les principes qui jusqu'ici régissaient cette matière (*infra*, nos 12 à 14).

12. On distingue, sur le plan fiscal, trois catégories de fonds propres.

Le capital libéré, tout d'abord, c'est-à-dire « le capital statutaire dans la mesure où celui-ci est formé par des apports réellement libérés et où il n'a fait l'objet d'aucune réduction » (47). Rembourser de tels montants ne

(42) Le texte de l'art. 219*quinquies* nouveau, § 2, ne laisse guère de doute. Voy. aussi, à propos de la condition de rémunération minimale en matière de taux réduit, commentaire administratif du CIR, n° 215/48.

(43) Sur cette notion, voy. l'art. 11, 1°, du Code des sociétés.

(44) CIR, art. 219*quinquies* nouveau, § 6, al. 1er.

(45) *Ibid.* Le second alinéa de cette disposition précise que « la cotisation distincte est [dans ce cas] payable par la société qui a le résultat imposable le plus élevé, parmi les sociétés liées visées qui ne remplissent pas la condition de rémunération [minimale] ».

(46) Loi du 25 décembre 2017, art. 86, C, al. 1er.

(47) CIR, art. 184, al. 1er. L'article 184, al. 2, assimile au capital libéré les primes d'émission et les sommes souscrites à l'occasion de l'émission de parts bénéficiaires « à la condition qu'elles soient portées dans les capitaux propres au passif du bilan, à un compte qui, au même titre que le capital social, constitue la garantie des tiers et ne peut être réduit qu'en exécution d'une décision régulière de l'assemblée générale prise conformément aux dispositions du Code des sociétés applicables aux modifications des statuts ».

donne lieu, en principe, ni à l'impôt des sociétés ni au précompte mobilier sur les sommes remboursées, les associés se bornant à récupérer leur mise (48).

Les réserves (déjà) taxées, ensuite, qui correspondent au bénéfice ayant déjà subi l'impôt des sociétés. Leur distribution par une société résidente donne lieu à la débition du précompte mobilier (49), qui constitue en général l'imposition définitive du bénéficiaire si celui-ci est une personne physique résidant en Belgique – hypothèse à laquelle je me limiterai ici.

Les réserves (temporairement) exonérées, enfin, qui n'ont pas encore été taxées, de sorte que leur distribution rend exigibles à la fois l'impôt des sociétés (50) et le précompte mobilier.

13. L'incorporation au capital social de réserves taxées ou exonérées demeure sans effet sur le plan fiscal, ces réserves ne se transformant pas pour autant en capital libéré.

Le capital social peut donc renfermer, sur le plan fiscal, du capital libéré, des réserves taxées ou des réserves exonérées.

14. Sur le plan des principes, une société ayant accumulé des réserves taxées, comptabilisées en réserves disponibles ou en bénéfice reporté, peut choisir de réduire son capital par remboursement aux associés plutôt que de distribuer un dividende. En outre, si le capital social renferme plusieurs catégories de fonds propres fiscaux, la société peut choisir l'ordre d'imputation, en l'indiquant dans l'acte de réduction de capital (51).

Prenons l'exemple d'une société, qui a les fonds propres fiscaux repris dans le tableau ci-dessous et qui procède à une réduction de capital de 110.000 EUR par remboursement aux associés. Sous l'empire de l'ancien régime, elle pouvait imputer la réduction par priorité sur le capital libéré et, pour le solde, sur les réserves incorporées au capital. Procéder de la sorte modifiait comme suit la composition de ses fonds propres fiscaux.

---

(48) CIR, art. 18, al. 1er, 2°.

(49) CIR, art. 261, al. 1er, 1°.

(50) La condition dite « d'intangibilité » prévue à l'art. 190, al. 2, du CIR, à laquelle est subordonnée l'exonération temporaire, n'est en effet plus respectée.

(51) Le commentaire administratif du CIR admet ce principe (Com. IR, n° 18/30). Il arrive toutefois que la loi fiscale déroge à cette liberté de choix, en prévoyant une imputation prioritaire : voy., par ex., l'art. 537, al. 5, du CIR.

Fonds propres avant la réduction de capital		Fonds propres après la réduction de capital	
Capital libéré	100.000 EUR	Capital libéré	0 EUR
Réserves taxées incorporées au capital	50.000 EUR	Réserves taxées incorporées au capital	40.000 EUR
Réserves exonérées incorporées au capital	100.000 EUR	Réserves exonérées incorporées au capital	100.000 EUR
Autres réserves taxées	75.000 EUR	Autres réserves taxées	75.000 EUR
Autres réserves exonérées	75.000 EUR	Autres réserves exonérées	75.000 EUR
Total	400.000 EUR	Total	290.000 EUR

La charge fiscale totale se limitait donc, dans l'exemple, à 3.000 EUR : pas de charge fiscale sur le remboursement de capital libéré de 100.000 EUR, précompte mobilier de 30 % sur la distribution de 10.000 EUR de réserves taxées incorporées au capital.

15. Le nouveau régime pose le principe qu'en présence de réserves taxées, la réduction de capital par remboursement aux associés doit entraîner une distribution de réserves taxées proportionnelle au remboursement du capital libéré (52).

Pour arriver à ce résultat, l'imputation de la réduction de capital sur le capital libéré est déterminée par un prorata qui comporte, au numérateur, le capital libéré, et au dénominateur, la somme du capital libéré, des réserves taxées incorporées ou non au capital, et des réserves exonérées incorporées au capital (53). Dans l'exemple, ce prorata est de 30,77 % (54), puisque le numérateur est de 100.000 EUR et le dénominateur

(52) Voy. le texte de l'art. 18, nouvel al. 2, du CIR, ainsi que les explications fournies par les développements de la proposition de loi, *Doc. parl.*, Ch. repr., sess. 2017-2018, n° 2864/1, pp. 13 et s. Il existe une exception, importante en pratique : la réduction du capital social issu d'une opération de « liquidation interne » visée à l'article 537 du CIR échappe au nouveau régime (*cf.* CIR, art. 18, nouvel al. 2, *in limine*, dont il ressort implicitement que la règle d'imputation mentionnée à la note précédente prime).

(53) CIR, art. 18, nouvel al. 3. En vertu de l'art. 18, nouvel al. 5, du CIR, certaines réserves taxées ou exonérées ne sont pas reprises au dénominateur du prorata. Il en va ainsi, par exemple, de la réserve légale à concurrence de son minimum légal.

(54) Les nouvelles dispositions ne précisent pas les règles d'arrondi. Je me suis fondé sur les exemples figurant dans les développements de la proposition de loi, qui arrondissent les pourcentages à deux chiffres après la virgule (voy. *Doc. parl.*, Ch. repr., sess. 2017-2018, n° 2864/1, pp. 15 et s.).

de 325.000 EUR(55). L'imputation sur le capital libéré est donc limitée à 30,77 % de la réduction de capital de 110.000 EUR, soit 33.847 EUR.

Quant au solde de la réduction de capital, le nouveau régime prévoit qu'il s'impute d'abord sur les réserves taxées incorporées au capital, ensuite sur les autres réserves taxées, et enfin sur les réserves exonérées incorporées au capital(56). Dans l'exemple, le solde de 76.153 EUR s'impute donc à concurrence de 50.000 EUR sur les réserves incorporées au capital et de 26.153 EUR sur les autres réserves taxées.

Le tableau ci-dessous reprend les différents mouvements.

Fonds propres avant la réduction de capital		Fonds propres après la réduction de capital	
Capital libéré	100.000 EUR	Capital libéré	66.153 EUR
Réserves taxées incorporées au capital	50.000 EUR	Réserves taxées incorporées au capital	0 EUR
Réserves exonérées incorporées au capital	100.000 EUR	Réserves exonérées incorporées au capital	100.000 EUR
Autres réserves taxées	75.000 EUR	Autres réserves taxées	48.847 EUR
Autres réserves exonérées	75.000 EUR	Autres réserves exonérées	75.000 EUR
Total	400.000 EUR	Total	290.000 EUR

On le voit, la charge fiscale devient plus lourde. Elle s'élève, dans l'exemple, à 22.845,90 EUR, par application du précompte mobilier de 30 % sur la distribution de 50.000 EUR de réserves taxées incorporées au capital et de 26.153 EUR d'autres réserves taxées.

16. On peut se demander s'il se justifiait vraiment d'inclure les réserves exonérées incorporées au capital dans le dénominateur du prorata, prorata qui dans l'exemple aurait été de 44,44 % sans cette inclusion.

À juste titre, les travaux préparatoires indiquent que « les réserves exonérées incorporées au capital ne sont pas en principe [...] destinées à être distribuées telles quelles » ; mais, ajoutent-ils dans la foulée, il existe une exception, dans le cas où « on procède à une réduction de capital social

(55) À savoir la somme du capital libéré de 100.000 EUR, des réserves taxées incorporées au capital de 50.000 EUR, des autres réserves taxées de 75.000 EUR et des réserves exonérées incorporées au capital de 100.000 EUR.

(56) CIR, art. 18, nouvel al. 2.

qui excède le capital libéré » (57) (il aurait été plus exact d'écrire, à mon avis, « qui excède le capital libéré *majoré des réserves taxées incorporées au capital* »). Et c'est cette exception qui fonde à elle seule la décision de toujours inclure les réserves exonérées incorporées au capital dans le dénominateur du prorata (58).

Cela me paraît excessif.

17. Le nouveau régime est de nature à faire naître une importante divergence entre la composition des fonds propres comptables et fiscaux.

Pour permettre aux sociétés d'éviter cette complication, le législateur a prévu une porte de sortie : il est possible d'échapper au prorata en procédant à une distribution de réserves taxées au moins égale à celle qui aurait découlé de l'application de celui-ci (59).

§ 3. Exigence d'une participation minimum pour pouvoir encore bénéficier de l'exonération des plus-values sur actions ou parts

18. La réforme achève d'aligner les conditions de l'exonération des plus-values sur actions ou parts sur celles de la déduction pour revenus définitivement taxés (sur cette déduction, voy. *supra*, n° 5) : outre les conditions de conservation en pleine propriété des actions ou parts pendant une période ininterrompue d'au moins un an et de taxation suffisante en amont, il faut désormais que les actions ou parts représentent au moins 10 % du capital de la société émettrice ou aient une valeur d'investissement d'au moins 2,5 millions d'euros (60).

Cette mesure compensatoire s'applique à partir de l'exercice d'imposition 2019 pour autant que la période imposable n'ait pas commencé avant le 1er janvier 2018 (61).

19. Cette modification aboutit à réserver l'exonération des plus-values sur actions ou parts qui représentent moins de 10 % du capital social aux sociétés disposant de moyens financiers importants, dès lors que ces

(57) Développements de la proposition de loi, *Doc. parl.*, Ch. repr., sess. 2017-2018, n° 2864/1, p. 18.

(58) *Ibid.*, spéc. l'exemple à la p. 19 d'une réduction de capital de 1.600, alors que le capital libéré se limite à 700 et qu'il n'y a pas de réserves taxées incorporées au capital, ce qui « démontre[rait] » que « le fait de ne pas tenir compte des réserves exonérées incorporées dans le capital pour le calcul du prorata [donne un] résultat final [...] inexact ».

(59) CIR, art. 18, nouvel al. 7. Sur la *ratio legis*, voy. les développements de la proposition de loi, *Doc. parl.*, Ch. repr., sess. 2017-2018, n° 2864/1, p. 23.

(60) CIR, art. 192, al. 1er, tel que remplacé par l'art. 24, 1°, de la loi du 25 décembre 2017.

(61) Loi du 25 décembre 2017, art. 86, A.

actions ou parts doivent avoir une valeur d'investissement d'au moins 2,5 millions d'euros.

En outre, les autres sociétés qui acquièrent des actions ou parts sont désormais dans une situation moins favorable que les sociétés qui acquièrent tout autre élément d'actif : si dans un cas comme dans l'autre, l'éventuelle plus-value est taxable, l'éventuelle réduction de valeur ou moins-value sur actions ou parts se caractérise par le fait qu'elle n'est pas déductible (62)/ (63).

On peut se demander si ces différences de traitement ne sont pas discriminatoires (64).

§ 4. Conversion de la déduction pour capital à risque en une déduction calculée sur le « capital incrémental »

20. Alors qu'elle se calculait jusqu'à présent sur l'ensemble des capitaux propres, la déduction pour capital à risque se calcule désormais sur leur seule augmentation (65), à l'instar de ce que prévoit le régime en vigueur dans certains pays étrangers (66).

La déduction est par ailleurs étalée sur cinq exercices d'imposition. C'est ce qui résulte de la façon dont la base de calcul est définie, celle-ci correspondant au cinquième de la différence positive entre, d'une part, le montant des capitaux propres à la fin de la période imposable et, d'autre part, le montant des capitaux propres à la fin de la cinquième période imposable précédente (67).

(62) CIR, art. 198, § 1er, 7°. Il existe deux exceptions : les moins-values actées à l'occasion du partage total de l'avoir social jusqu'à concurrence de la perte du capital libéré représenté par ces actions ou parts ; et les réductions de valeur et les moins-values sur les actions ou parts appartenant au portefeuille commercial de certains organismes financiers.

(63) Pour éliminer cette différence de traitement dont on n'aperçoit guère la justification, une solution serait de traiter les actions ou parts comme tout autre élément d'actif, tout en prévoyant une option en faveur de la société qui réunit les conditions pour bénéficier de l'exonération des plus-values sur actions ou parts. L'exercice de cette option, qui devrait intervenir lors de l'acquisition, aurait pour conséquence d'exonérer l'éventuelle plus-value, en rendant en contrepartie l'éventuelle moins-value non déductible.

(64) Par arrêt n° 130/2005 du 19 juillet 2005, la Cour constitutionnelle, alors Cour d'arbitrage, a tranché par la négative la question – différente – de savoir s'il existe une discrimination entre les sociétés qui investissent dans des actions selon que celles-ci répondent ou non à la condition de taxation. Un autre arrêt a décidé que prévoir un seuil minimum de participation exprimé en pourcentage du capital social n'est pas discriminatoire (C.A., 5 juillet 2006, n° 116/2006).

(65) CIR, art. 205*ter*, § 1er, avant et après sa modification par l'art. 49, 1°, de la loi du 25 décembre 2017.

(66) Voy. à cet égard le rapport de la BNB, « Aspects budgétaires et macroéconomiques de la réforme de l'impôt des sociétés en Belgique », 6 décembre 2017, p. 3, consultable sur https://www.nbb.be/doc/ts/publications/other/ds1711552fr.pdf.

(67) CIR, art. 205*ter*, § 1er, nouveau.

Le nouveau régime s'applique à partir de l'exercice d'imposition 2019 pour autant que la période imposable n'ait pas commencé avant le 1er janvier 2018 (68).

21. Le tableau suivant illustre la différence entre l'ancien et le nouveau système. Dans cet exemple, la société a des capitaux propres de 1.000.000 EUR depuis de nombreuses années, qui augmentent de 100.000 EUR au 31 décembre 2018, date de clôture de l'exercice comptable. Les capitaux propres n'augmentent plus par la suite. Le dernier taux de base connu de la déduction, à savoir 0,746 % pour l'exercice d'imposition 2019, a été appliqué pour tous les exercices d'imposition.

Exercices d'imposition	Base de calcul dans l'ancien système	Montant de la déduction dans l'ancien système	Base de calcul dans le nouveau système	Montant de la déduction dans le nouveau système
2019	1.100.000 EUR	8.206 EUR	20.000 EUR	149,20 EUR
2020	1.100.000 EUR	8.206 EUR	20.000 EUR	149,20 EUR
2021	1.100.000 EUR	8.206 EUR	20.000 EUR	149,20 EUR
2022	1.100.000 EUR	8.206 EUR	20.000 EUR	149,20 EUR
2023	1.100.000 EUR	8.206 EUR	20.000 EUR	149,20 EUR
2024	1.100.000 EUR	8.206 EUR	0 EUR	0 EUR

On le voit, l'avantage fiscal procuré par la déduction pour capital à risque est bien moindre dans le nouveau système.

§ 5. Mesures compensatoires adoptées en transposition de la directive européenne anti-évasion fiscale

22. La réforme comporte quatre mesures compensatoires adoptées en transposition de la directive européenne anti-évasion fiscale du 12 juillet 2016 dite « ATAD » (acronyme, en anglais, de « Anti-Tax Avoidance Directive ») (69). Cette directive a été modifiée, en ce qui concerne la troisième

(68) Loi du 25 décembre 2017, art. 86, A.

(69) Directive 2016/1164/UE du Conseil du 12 juillet 2016 établissant des règles pour lutter contre les pratiques d'évasion fiscale qui ont une incidence directe sur le fonctionnement du marché intérieur.

mesure que nous verrons ci-dessous, par une directive du 29 mai 2017 (70) dite « ATAD 2 ».

Ces mesures étant fort complexes, je me limite ici à en résumer les traits essentiels.

23. La première mesure instaure un nouveau cas d'imposition à la sortie. Le transfert d'un élément d'actif, par une société résidente, à un établissement étranger dont les bénéfices sont exonérés en Belgique en vertu d'une convention préventive de la double imposition entraînera l'imposition de la plus-value latente, en dépit du fait que cet élément d'actif ne quitte pas le patrimoine de la société (71). L'impôt pourra être payé de façon étalée (72).

Cette mesure s'appliquera aux transferts qui auront lieu à partir du 1er janvier 2019 (73).

24. La deuxième mesure introduit en droit fiscal belge un régime relatif aux « sociétés étrangères contrôlées » (« régime SEC », également désigné par l'abréviation « régime CFC » pour « controlled foreign company rules ») qui s'appliquera à partir de l'exercice d'imposition 2020 pour autant que la période imposable ne commence pas avant le 1er janvier 2019 (74).

Les nouvelles règles auront pour effet d'intégrer dans la base imposable d'une société résidente les bénéfices non distribués de certaines sociétés étrangères faiblement imposées (75) que la société résidente contrôle ou dans lesquelles elle a un intérêt prépondérant (76) lorsque ces bénéfices proviennent de « montages non authentiques mis en place essentiellement dans le but d'obtenir un avantage fiscal » (77).

Un montage ou une série de montages est considéré comme non authentique « dans la mesure où la société étrangère ne posséderait pas les

(70) Directive 2017/952/UE du Conseil du 29 mai 2017 modifiant la directive 2016/1164/UE en ce qui concerne les dispositifs hybrides faisant intervenir des pays tiers.

(71) CIR, art. 185/1 nouveau.

(72) Loi du 25 décembre 2017, art. 76, qui modifie en ce sens l'art. 413/1 du CIR.

(73) Loi du 25 décembre 2017, art. 86, C, al. 3.

(74) Loi du 25 décembre 2017, art. 86, B1.

(75) Est considérée comme telle la société étrangère qui soit « n'est pas soumise à un impôt sur les revenus », soit « est soumise à un impôt sur les revenus qui s'élève à moins de la moitié de l'impôt des sociétés qui serait dû si cette société étrangère était établie en Belgique » (CIR, art. 185/2 nouveau, § 2, second tiret).

(76) CIR, art. 185/2 nouveau, § 2, premier tiret. En vertu de cette disposition, le régime SEC s'applique si la société résidente « soit détient, directement ou indirectement, la majorité des droits de vote se rattachant au total des actions ou parts de cette société étrangère, soit détient, directement ou indirectement, une participation à hauteur de 50 % minimum du capital de cette société, soit possède les droits d'au moins 50 % du bénéfice de cette société ».

(77) CIR, art. 185/2 nouveau, § 1er, al. 1er.

actifs qui sont la source de tout ou partie de ses revenus ni n'aurait pris les risques qui y sont associés si elle n'était pas contrôlée par le contribuable où les fonctions importantes liées à ces actifs et risques sont assurées et jouent un rôle essentiel dans la création des revenus de la société étrangère précitée »(78).

25. La troisième mesure neutralise les avantages fiscaux procurés par les « dispositifs hybrides », c'est-à-dire ceux qui résultent « de différences dans la qualification juridique des paiements (instruments financiers) ou des entités », différences qui apparaissent « lors de l'interaction entre les systèmes juridiques de deux juridictions »(79).

Cette différence de qualification peut aboutir à une double déduction (exemple : les intérêts d'un prêt sont déduits dans deux Etats en raison de ce qu'une société est considérée comme fiscalement transparente dans un Etat mais comme formant une entité distincte à des fins fiscales dans l'autre) ou à une déduction qui ne s'accompagne pas de l'inclusion du revenu dans la base imposable du bénéficiaire (exemple : l'État du débiteur d'un revenu le qualifie d'intérêt et en admet la déduction, tandis que l'État du bénéficiaire le qualifie de dividende et l'exclut de la base imposable en vertu d'un mécanisme similaire à notre déduction pour revenus définitivement taxés).

Pour lutter contre ce phénomène, les dispositions nouvelles prévoient, en pareille hypothèse, de nouveaux cas de non-déductibilité ou d'imposition(80). Elles s'appliqueront à partir de l'exercice d'imposition 2020 pour autant que la période imposable ne commence pas avant le 1er janvier 2019(81).

26. La quatrième mesure rendra non déductibles, à quelques exceptions près, les surcoûts d'emprunt qui dépassent 3 millions d'euros et 30 % de l'EBITDA fiscal(82).

Les surcoûts d'emprunt correspondent à la différence entre les intérêts payés et les intérêts reçus, la notion d'intérêt recevant ici une acception large(83). Quant à l'EBITDA fiscal, il s'agit en substance du résultat de la

(78) CIR, art. 185/2 nouveau, § 1er, al. 2.

(79) Directive 2016/1164/UE du Conseil du 12 juillet 2016, considérant 13.

(80) CIR, art. 2, § 1er, 16° à 18°, art. 185, § 1er, al. 2 à 4, art. 185, § 2/1, art. 198, § 1er, 10/1 à 10/4, art. 292, al. 3, tels qu'issus des art. 3, 18, 1° et 2°, 39, 5° et 9°, et 73 de la loi du 25 décembre 2017.

(81) Loi du 25 décembre 2017, art. 86, B.1.

(82) CIR, art. 198/1 nouveau, §§ 1er et 3. Pour les sociétés faisant partie d'un groupe, le seuil de 3 millions d'euros se divise entre les membres (CIR, art. 198/1 nouveau, § 3, al. 3).

(83) Voy. l'art. 2.1 de la directive 2016/1164/UE du Conseil du 12 juillet 2016, qui doit encore être transposé en droit belge par un arrêté royal à prendre en exécution de l'art. 198/1 nouveau, § 2, du CIR.

période imposable, augmenté des amortissements, des réductions de valeur et des surcoûts d'emprunt déductibles à titre de frais professionnels, et diminué des revenus exonérés (84).

Cette mesure s'appliquera à partir de l'exercice d'imposition 2021 pour autant que la période imposable ne commence pas avant le 1er janvier 2020 (85).

§ 6. Quelques autres mesures compensatoires

27. Les déductions reportées autres que la déduction pour investissement reporté (86), ainsi que la déduction pour capital à risque, sont rassemblées au sein d'une « corbeille ». Leur imputation sur le bénéfice imposable est limitée, par période imposable, à un million d'euros, majoré de 70 % du solde du bénéfice imposable (87). Pour les sociétés « débutantes » au sens indiqué *supra*, n° 9, la déduction pour pertes reportées échappe à cette limitation (88).

Cette mesure compensatoire s'applique à partir de l'exercice d'imposition 2019 pour autant que la période imposable n'ait pas commencé avant le 1er janvier 2018 (89).

28. Pour les sociétés, le taux minimum de la majoration pour absence ou insuffisance de versements anticipés est porté à 6,75 % (90). En outre, la règle selon laquelle la majoration n'est pas due si elle est inférieure à 0,5 % de l'impôt ne leur est plus applicable (91).

Ces deux mesures compensatoires s'appliquent à partir de l'exercice d'imposition 2019 pour autant que la période imposable n'ait pas commencé avant le 1er janvier 2018 (92).

(84) CIR, art. 198/1 nouveau, § 3, al. 2.
(85) Loi du 25 décembre 2017, art. 86, B2.
(86) Cette déduction reportée est soumise à une limitation distincte : voy. CIR, art. 72, al. 2.
(87) CIR, art. 207, al. 3, inséré par l'art. 53, 1°, de la loi du 25 décembre 2017.
(88) CIR, art. 207, al. 6, inséré par l'art. 53, 3°, de la loi du 25 décembre 2017.
(89) Loi du 25 décembre 2017, art. 86, A.
(90) CIR, art. 218, § 1er, al. 2, inséré par l'art. 57, 1°, de la loi du 25 décembre 2017, lu en combinaison avec les art. 159 et 161 du CIR.
(91) CIR, art. 218, § 1er, al. 4, inséré par l'art. 57, 2°, de la loi du 25 décembre 2017.
(92) Loi du 25 décembre 2017, art. 86, A.

29. Jusqu'il y a peu, en matière d'impôts sur les revenus, les intérêts de retard, en faveur du fisc, et les intérêts moratoires, en faveur du contribuable, s'élevaient à un taux uniforme de 7 % l'an non capitalisé (93).

Depuis le 1er janvier 2018 (94), le taux des intérêts de retard oscille entre 4 % et 10 % (4 % pour l'année 2018), tandis que le taux des intérêts moratoires oscille entre 2 % et 8 % (2 % pour l'année 2018) (95). En outre, pour faire courir les intérêts moratoires, le contribuable doit désormais mettre l'État en demeure (96).

30. Si la déclaration du contribuable est rectifiée ou que celui-ci est taxé d'office, et qu'un accroissement d'impôt d'au moins 10 % lui est infligé, la partie du résultat qui a fait l'objet de la rectification ou de l'imposition d'office donnera presque toujours lieu à une charge fiscale effective. En effet, seule la déduction pour revenus définitivement taxés de l'exercice est encore imputable sur cette partie du résultat – et donc pas, par exemple, la perte de l'exercice ou les pertes antérieures (97).

Cette mesure compensatoire s'applique à partir de l'exercice d'imposition 2019 pour autant que la période imposable n'ait pas commencé avant le 1er janvier 2018 (98).

31. Pour être admissibles fiscalement, les provisions pour risques et charges doivent découler soit « d'engagements contractés par l'entreprise pendant la période imposable ou une des périodes imposables précédentes », soit « d'obligations légales ou réglementaires autres que les obligations découlant uniquement de l'application d'une règlementation comptable ou de dispositions réglementaires en matière de comptes annuels » (99).

Cette mesure compensatoire s'applique à partir de l'exercice d'imposition 2019 pour autant que la période imposable n'ait pas commencé avant le 1er janvier 2018 (100). Sa principale conséquence est de rendre taxables les provisions pour grosses réparations et gros entretien (101).

---

(93) CIR, art. 414, § 1er, al. 1er, ancien, et art. 418 ancien, lus en combinaison avec l'art. 2, § 2, al. 1er, de la loi du 5 mai 1865 relative au prêt à l'intérêt.

(94) Loi du 25 décembre 2017, art. 86, C, dernier al.

(95) CIR, art. 414, § 1er, al. 2 et 3, tels qu'insérés par l'art. 77, 2°, de la loi du 25 décembre 2017 ; CIR, art. 418, tel que remplacé par l'art. 79 de la loi du 25 décembre 2017 ; loi du 25 décembre 2017, art. 90.

(96) CIR, art. 418 nouveau, al. 2.

(97) CIR, art. 207, al. 7, inséré par l'art. 53, 4°, de la loi du 25 décembre 2017.

(98) Loi du 25 décembre 2017, art. 86, A.

(99) CIR, art. 194 nouveau, tel que remplacé par l'art. 29 de la loi du 25 décembre 2017.

(100) Loi du 25 décembre 2017, art. 86, A.

(101) C'est l'exemple que donnent les travaux préparatoires (développements de la proposition de loi, *Doc. parl.*, Ch. repr., sess. 2017-2018, n° 2864/1, p. 58).

32. Plusieurs dépenses deviendront non déductibles à partir de l'exercice d'imposition 2021 pour autant que la période imposable ne commence pas avant le 1er janvier 2020 : la cotisation sur commissions secrètes, tout d'abord (102) ; les majorations des cotisations sociales, ensuite (103) ; les amendes administratives, même lorsque leur montant est calculé sur la base d'un impôt déductible, enfin (exemples : les amendes proportionnelles en matière de TVA ou de droits d'enregistrement) (104).

33. Pour les sociétés, le régime de déduction des amortissements à titre de frais professionnels deviendra moins favorable en ce qui concerne les immobilisations acquises ou constituées à partir du 1er janvier 2020 (105). Ainsi, l'amortissement dégressif ne sera plus admis fiscalement (106).

---

(102) CIR, art. 198, § 1er, 1°, nouveau, tel que modifié par l'art. 39, 2°, de la loi du 25 décembre 2017 ; loi du 25 décembre 2017, art. 86, B2.

(103) CIR, art. 53, 6°, nouveau, tel que modifié par l'art. 8, 2°, de la loi du 25 décembre 2017 ; loi du 25 décembre 2017, art. 86, B2.

(104) CIR, art. 53, 6°, nouveau, tel que modifié par l'art. 8, 1°, de la loi du 25 décembre 2017 ; loi du 25 décembre 2017, art. 86, B2.

(105) Voy. les modifications apportées par l'art. 38 de la loi du 25 décembre 2017 à l'art. 196 du CIR et l'art. 86, C, al. 5, de cette loi.

(106) CIR, art. 196, § 3, nouveau.

Lire une convention fiscale après le « BEPS »

Caroline Docclo

Professeur à l'Université libre de Bruxelles et à l'Université de Liège
Avocat

SECTION 1.

OBJET

1. Il m'a été confié de « raconter » le droit fiscal international aux non-fiscalistes. J'essaierai donc, en quelques pages, de vous dire comment « lire une convention fiscale ».

J'évoquerai aussi les travaux récents de l'O.C.D.E. en matière de planification fiscale agressive, puisque le sujet précis qui m'est attribué se situe « après le BEPS ».

2. Je m'en tiendrai aux conventions conclues en matière d'impôts sur les revenus, puisque ce sont ces impôts qui sont affectés par la plupart des traités fiscaux conclus par la Belgique (1).

3. Rappelons d'abord la raison d'être de ces traités ; nous comprendrons mieux comment ils fonctionnent et, ainsi, comment les lire.

SECTION 2.

LES INCONVÉNIENTS DE LA SOUVERAINETÉ ET LEUR SOLUTION NÉGOCIÉE

4. Notre matière est dominée par le droit des Gens autant que par le droit fiscal, sinon plus.

5. Il ne faut rappeler à aucun juriste qu'un État est souverain.

Sa souveraineté lui confère le pouvoir de déterminer librement son système fiscal, sans aucune restriction. Un État peut s'ériger en paradis fiscal comme il peut, à l'inverse, organiser des impôts quasi confiscatoires.

Rien n'oblige ou n'interdit à un État de tenir compte de lois fiscales étrangères pour déterminer le sort de ses contribuables.

Des impositions internationales multiples peuvent résulter de l'exercice simultané par plusieurs États de leur souveraineté. Un contribuable

(1) La Belgique a signé des conventions internationales en matière de droits de succession, comme la convention du 18 janvier 1956 entre la Belgique et la Suède *tendant à éviter les doubles impositions et à régler certaines autres questions en matière d'impôts sur les successions* ou la convention du 20 janvier 1959 entre la Belgique et la France *tendant à éviter les doubles impositions et à régler certaines autres questions en matière d'impôts sur les successions et de droits d'enregistrement*. La convention fiscale la plus ancienne au monde et toujours en vigueur est la convention du 12 août 1843 entre la France et la Belgique, *relative à l'échange de renseignements tirés des actes présentés à la formalité de l'enregistrement, des déclarations de succession ou de mutation par décès et d'autres documents administratifs*.

qui réunit les critères d'imposition énoncés par plusieurs pays peut devoir payer l'impôt dans chacun d'eux sur le même revenu.

Rien, dans l'absolu, n'oblige un État à remédier à cette situation ou, à l'inverse, d'empêcher un contribuable d'organiser ses affaires pour échapper à l'assujettissement à l'impôt d'un autre pays.

6. La législation fiscale d'un État, tout souverain qu'il soit, n'est que de peu d'efficacité si cet État ne peut en assurer l'exécution. Qui dit « exécution » pense « recours à la force ». Or, le pouvoir d'un État de faire exécuter ses lois s'arrête à ses frontières. On ne conçoit pas, dans l'absolu, qu'un État envoie ses fonctionnaires en mission d'exécution en territoire étranger sans atteindre à la souveraineté de l'État ainsi envahi. Cela vaut aussi en matière d'administration des impôts.

7. Les principes absolus énoncés ci-avant sont la source des soucis principaux des souverains taxateurs : l'imposition internationale multiple qui freine l'expansion géographique des opérations économiques, d'une part, et les entraves à l'exécution des lois d'impôt et à la lutte contre l'évasion fiscale, d'autre part.

8. Depuis des décennies, l'O.C.D.E. et l'ONU ont préconisé la conclusion d'accords intergouvernementaux pour éviter la double imposition internationale. Elles ont fourni des modèles pour favoriser la négociation de tels accords.

Ces modèles ne sont, au plus, que des recommandations pour les États membres de l'O.C.D.E.(2). Néanmoins, les États ont reconnu la nécessité de s'entendre et des centaines de conventions fiscales inspirées de ces modèles ont été conclues dans le monde.

9. La Belgique est actuellement liée par une centaine de conventions bilatérales préventives de la double imposition(3). Elles ont toutes été négociées à partir des modèles de l'O.C.D.E. ou de l'ONU, sauf la convention franco-belge(4)/(5).

(2) Convention du 14 décembre 1960 *relative à l'Organisation de Coopération et de Développement économiques*, approuvée par la loi du 25 août 1961.

(3) Leurs textes sont disponibles sur le site du SPF Finances, « Fisconetplus », de même que les travaux préparatoires de leurs lois d'approbation et que les circulaires administratives qui les commentent.

(4) Convention franco-belge du 10 mars 1964 *tendant à éviter les doubles impositions et à établir des règles d'assistance administrative et juridique réciproque en matière d'impôts sur les revenus*, qui en est cependant proche.

(5) Le modèle de l'ONU, destiné à la négociation entre les États développés et ceux qui le sont moins, a la même structure que le modèle de l'O.C.D.E. et leurs dispositions sont similaires. Nous nous référerons par la suite au modèle de l'O.C.D.E. Ci-après, les renvois à des articles « O.C.D.E. » sont des renvois aux articles du modèle de l'O.C.D.E. (« Modèle de convention fiscale concernant le revenu et la fortune »).

La Belgique a par ailleurs conclu des accords qui ne portent que sur l'assistance administrative (6).

10. L'Union européenne a aussi obligé ses États membres à se porter assistance en matière administrative (7).

Elle ne s'est cependant pas encore attelée à obliger ses États membres à remédier aux impositions internationales multiples à l'intérieur de l'Union. L'article 293 CE qui invitait les États à s'entendre sur cette matière a été supprimé à l'occasion du traité de Lisbonne (8). L'Union se fie sans doute à ce que tous ses États membres sont liés entre eux par des conventions bilatérales bâties sur le modèle de l'O.C.D.E.

Néanmoins, les États membres doivent être attentifs à ce que leurs législations fiscales et leurs traités n'entravent pas l'exercice d'une liberté fondamentale garantie par le droit de l'Union.

SECTION 3.

LES MÉCANISMES DES CONVENTIONS PRÉVENTIVES DE LA DOUBLE IMPOSITION

§ 1. Les traités fiscaux sont le plus souvent bilatéraux

11. Comme la fiscalité est une matière sensible, les compromis entre États ne sont atteints le plus souvent qu'en comité restreint. Pour cette raison, la plupart des conventions fiscales sont bilatérales.

Le modèle de *convention fiscale concernant le revenu et la fortune* de l'O.C.D.E. est d'ailleurs conçu pour la négociation bilatérale.

(6) La convention multilatérale du 25 janvier 1988 *concernant l'assistance administrative mutuelle en matière fiscale*, approuvée par la loi du 24 juin 2000 ; puis modifiée par le protocole du 27 mai 2010, approuvé par la loi du 28 février 2014 ; et les « TIEAs » ou *Tax Information Exchange Agreements*, eux aussi inspirés par un modèle de l'O.C.D.E. et publiés sur le site « Fisconetplus ». L'administration belge peut aussi se fonder sur une convention « préventive de la double imposition » pour interroger une administration étrangère sur la situation d'un contribuable en toutes matières fiscales (art. 26 O.C.D.E.) ou lui demander de l'assister à recouvrer ses impôts de toute nature (art. 27 O.C.D.E.).

(7) Directive 2011/16/UE du Conseil du 15 février 2011 *relative à la coopération administrative dans le domaine fiscal et abrogeant la directive 77/799/CEE* ; directive 2010/24/UE du Conseil du 16 mars 2010 *concernant l'assistance mutuelle en matière de recouvrement des créances relatives aux taxes, impôts, droits et autres mesures*.

(8) Sur la portée limitée de l'article 293 CE, même lu en combinaison avec le principe de coopération loyale, voy. C.J.U.E., 26 mai 2016, C-48/15, *NN (L) International*, et la note d'observations « Le principe européen de coopération loyale est précisé par la Cour de justice. La Cour constitutionnelle devrait-elle reconsidérer sa jurisprudence ? », *T.F.R.*, 2016, p. 790.

Même les conventions multilatérales ne s'appliquent entre deux États qu'en fonction de leurs options communes. Nous y reviendrons lorsque nous aborderons le « MLI ».

§ 2. Les règles dites distributives

12. Je m'en tiens ici aux règles des conventions bilatérales qui concernent la double imposition juridique, c'est-à-dire celles qui évitent qu'un contribuable ne soit soumis simultanément par plusieurs États, à raison d'un même revenu, à un impôt de même nature.

13. Leurs mécanismes sont simples dans leur conception.

1°) En règle générale, l'État où le contribuable a sa résidence fiscale a un pouvoir exclusif de taxation et son partenaire doit s'abstenir de taxer (art. 21, § 1er, O.C.D.E.).

En général, la « résidence » au sens du droit interne d'un État contractant est aussi la résidence au sens conventionnel. Les habitants du Royaume, les personnes morales assujetties à l'impôt des sociétés ou à celui des personnes morales sont des résidents de la Belgique pour l'application de ses conventions.

2°) Cependant, les dispositions communément appelées « règles distributives » de la convention (art. 6 à 21 O.C.D.E.) déterminent, par type de revenus, les circonstances dans lesquelles on peut dire qu'un revenu trouve sa source dans l'autre État contractant, et dans lesquelles l'État de la source peut (aussi) imposer ce revenu.

3°) Le remède à la double imposition, qui subsiste après l'application des règles distributives, doit être apporté par l'État de résidence.

Celui-ci détermine ce remède en fonction de sa politique économique internationale. Lorsqu'un revenu est imposable dans l'État de la source, l'État de résidence remédie à la double imposition soit en exemptant ce revenu, s'il veut rendre ses résidents compétitifs à l'étranger, soit en accordant sur son impôt un crédit représentant l'impôt acquitté dans l'État de la source, s'il considère que les contribuables doivent supporter la même charge fiscale globale, qu'ils investissent chez lui ou à l'étranger (art. 23A et 23B O.C.D.E.).

14. Prenons l'exemple d'un habitant du Royaume qui travaille au siège allemand de la société qui l'emploie.

L'article 15 de la convention belgo-allemande(9) prévoit ceci : « Les salaires, traitements et autres rémunérations similaires qu'un résident d'un État contractant reçoit au titre d'un emploi salarié ne sont imposables que dans cet État, à moins que l'emploi ne soit exercé dans l'autre État contractant. Si l'emploi y est exercé, les rémunérations reçues à ce titre sont imposables dans cet autre État ».

L'Allemagne peut donc taxer le salaire puisque l'emploi est exercé sur son territoire. L'article 15 ne prive cependant pas la Belgique de taxer le même salaire : l'article 15 lui retire seulement l'exclusivité.

C'est donc à l'article 23, § 2, de cette convention qu'il faut chercher l'engagement de la Belgique d'exempter le salaire imposable en Allemagne : « Les revenus provenant [d'Allemagne], qui sont imposables dans cet État en vertu des articles précédents, sont exemptés d'impôts en Belgique ».

§ 3. Les BEPS

15. Le borborygme « BEPS » correspond à l'acronyme des termes anglais *Base Erosion – Profit Shifting*.

16. L'origine de ce nouveau concept peut être décrite comme suit.

Les entreprises multinationales peuvent légalement organiser leurs affaires pour alléger leurs charges fiscales en se soumettant à la loi d'un pays fiscalement accueillant et en se fondant sur les conventions internationales pour éviter d'être imposées ailleurs. Cela est légal, même si la tactique utilisée semble parfois audacieuse.

L'O.C.D.E., soutenue par le G20, s'est attelée depuis le début du XXIe siècle à contrecarrer les stratégies fiscales par lesquelles une entreprise internationale peut détruire sa base imposable dans un pays en faisant des opérations qui ne sont pas économiquement indispensables ou en donnant à ses actes des qualifications juridiques qui ne sont pas économiquement les plus évidentes (« l'érosion de la base imposable ») ou celles par lesquelles une multinationale réalise, sans justification économique, des bénéfices plantureux dans l'un de ses établissements taxés à un tarif modéré au détriment d'un autre qui est soumis à une fiscalité gourmande (« transfert de bénéfices »).

(9) Convention du 11 avril 1967 entre le Royaume de Belgique et la République fédérale d'Allemagne *en vue d'éviter les doubles impositions et de régler certaines autres questions en matière d'impôts sur le revenu et sur la fortune, y compris la contribution des patentes et des impôts fonciers.*

L'O.C.D.E. a mené un programme de quinze actions dirigé contre la « planification fiscale agressive », dont elle a publié les conclusions « définitives » en 2015. Celles-ci s'avèrent cependant être toujours en chantier puisque l'O.C.D.E. continue depuis lors à verser sur son site internet des documents soumis à la consultation populaire sur les mêmes sujets.

L'O.C.D.E. a préconisé deux types de mesures. D'une part, elle a suggéré aux États d'adapter leurs régimes fiscaux nationaux. D'autre part, elle a proposé une correction des conventions bâties sur son propre modèle (10).

17. Comme l'O.C.D.E. ne s'est pas donné pour objectif d'harmoniser les législations nationales, elle s'en est tenue à décrire les règles d'imposition qu'elle considérait comme les plus appropriées pour qu'un pays préserve sa base imposable (*best practices*). L'O.C.D.E. n'a pas d'autre moyen pour contraindre les États à s'y conformer que la pression politique de la communauté internationale qu'elle attise.

Lui emboîtant le pas, l'Union européenne a inscrit dans ses directives « ATAD » (11) les préceptes de l'O.C.D.E. en matière de détermination de la base imposable, en en faisant ainsi des règles obligatoires pour ses États membres (12).

18. Quant à l'adaptation des conventions, l'O.C.D.E. est en territoire de prédilection.

Son objectif ressort du préambule que le MLI (dont il est question ci-après) vise à insérer dans les conventions existantes :

« Entendant éliminer la double imposition à l'égard d'impôts visés par la présente Convention, et ce, sans créer de possibilités de non-imposition ou d'imposition réduite via des pratiques d'évasion ou de fraude fiscale/évitement fiscal (résultant notamment de la mise en place de stratégies de chalandage fiscal destinées à obtenir des allégements prévus dans la présente convention au bénéfice indirect de résidents de juridictions tierces),... » (art. 6 MLI).

(10) L'O.C.D.E. a formulé ses règles anti-BEPS d'une manière tellement large que ces règles affecteront aussi des entreprises qui n'étaient pas nécessairement dans son champ de mire. Voy. « AOA, ATP, BEPS, GAAR... Le *sms touch* de la *soft law* internationale ou Quand le politiquement correct devient la loi en matière fiscale », *J.D.F.*, 2014, pp. 5 et s.

(11) La directive 2016/1164/UE du Conseil du 12 juillet 2016 *établissant des règles pour lutter contre les pratiques d'évasion fiscale qui ont une incidence directe sur le fonctionnement du marché intérieur* et la directive 2017/952/UE du 29 mai 2017 *modifiant la directive 2016/1164/UE en ce qui concerne les dispositifs hybrides faisant intervenir des pays tiers*.

(12) Ce sujet excède cependant celui qui m'est confié ici ; voy. « L'ambition de l'Union européenne d'introduire des règles anti-abus dans les lois disparates de ses États membres », *T.F.R.*, 2017, pp. 61 et s.

19. L'O.C.D.E. a modifié son modèle de convention fiscale en 2017 pour y intégrer les résultats de ses « actions BEPS » et elle recommande aux États de mener leurs prochaines négociations sur la base de ce nouveau projet.

20. Le nouveau modèle n'ayant aucun effet sur les conventions déjà conclues, l'O.C.D.E. a produit une convention multilatérale *pour la mise en œuvre des mesures relatives aux conventions fiscales pour prévenir l'érosion de la base d'imposition et le transfert de bénéfices* (le « MLI » ou *Multilatéral Instrument*) avec l'ambition de voir modifier, en une fois, les milliers de conventions en vigueur sur la planète.

Le MLI a été ouvert à la signature le 7 juin 2017. 68 États, dont la Belgique, l'ont signé dès le 7 juin 2017 (13). Des pays qualifiés par les autres de paradis fiscaux sont aussi de la partie, même si, à défaut de devoir remédier à une double imposition, ils n'avaient conclu qu'un nombre congru de conventions fiscales auxquelles le MLI s'appliquera (14).

Le MLI n'est pas encore en vigueur.

21. Chaque État, en adoptant le MLI, a pu y faire des choix et des réserves dans le menu qu'il offre. Pour appliquer le MLI, il faudra donc avoir égard aux actes d'adhésion de chacun des États.

Pour savoir comment le MLI modifiera une convention bilatérale, il faudra vérifier si ses deux États signataires ont choisi les mêmes options à propos d'une disposition du MLI. Si ce n'est pas le cas, cette disposition sera sans incidence sur leur convention bilatérale.

L'O.C.D.E. met à la disposition de tous, sur son site internet, des guides de lecture, des arbres décisionnels et un logiciel pour s'y retrouver dans le dédale du MLI (15).

§ 4. Une convention s'applique à un revenu au moment où il est obtenu

22. Les conventions peuvent être modifiées, dénoncées, remplacées.

On applique à un revenu la convention telle qu'elle était applicable au moment où le revenu a été obtenu, même si cette convention est modifiée, dénoncée ou remplacée entre ce moment et celui où l'impôt est établi.

(13) Le MLI a déjà été ratifié par 4 États au 29 janvier 2018 et, à la même date, 10 de plus l'ont signé.

(14) L'Île de Man, en y adhérant le 7 juin 2017, a déclaré vouloir modifier huit conventions qu'elle a conclues précédemment.

(15) http://www.oecd.org/tax/treaties/mli-matching-database.htm (consulté le 29 janvier 2018).

On ne déroge à cette règle que si les États signataires décident de faire rétroagir leur convention jusqu'au moment où le revenu est obtenu (16).

23. Une convention pourtant dénoncée continue donc à produire ses effets sur les revenus qu'elle a couverts. Un État qui succède à un autre doit respecter les engagements de son prédécesseur, même s'il peut les dénoncer pour l'avenir (17).

24. On applique aussi une convention en prenant en considération les circonstances existantes au moment où le revenu est gagné.

Que les circonstances ne soient plus les mêmes au moment du paiement du revenu est indifférent (18).

§ 5. La Belgique remédie à la « double imposition » dans les conditions fixées par ses conventions

25. Le modèle de l'O.C.D.E. prévoit que l'État de résidence remédie à la double imposition lorsqu'un revenu est « imposable » dans l'autre État contractant « conformément à la convention », c'est-à-dire conformément à ses règles distributives (art. 23A et 23B O.C.D.E.).

Le remède choisi par la Belgique, de manière générale, est la méthode d'exemption : le revenu étranger n'est pas taxé.

Dans la plupart de ses traités, elle exempte d'impôt un revenu qui est « imposable » dans l'autre État selon la convention, sans avoir égard au traitement fiscal effectif du revenu par l'État partenaire (19). Ces conventions sont ainsi rédigées : si le pouvoir d'imposition est reconnu à l'État de la source, et même si ce dernier ne l'exerce pas, la Belgique doit aménager l'imposition de ses résidents.

26. Dans quelques-unes de ses conventions récentes, la Belgique n'accorde l'exemption que lorsque le revenu est « imposé » dans l'État étranger où le revenu a sa source. Il faut alors que la convention permette à l'État

(16) À condition que la convention soit en vigueur au moment où l'impôt est établi (Cass., 19 février 1976, *Pas.*, 1976, I, 685).

(17) Sur une application étonnante de cette règle, voy. « Quand un État aux allures de cocktail Molotov applique unilatéralement une convention conclue avec un État qui a explosé », in *En quête de fiscalité et autres propos. Mélanges offerts à Jean-Pierre Bours*, Bruxelles, Larcier, 2015, pp. 631 et s. ; comp. la mercuriale du 2 septembre 2013 du procureur général J.-Fr. Leclercq, « Brèves considérations pratiques sur le démembrement d'État en droit international public ».

(18) Voy. Cass., 5 février 2009, *Pas.*, 2009, n° 95.

(19) Cass., 26 avril 2001, *Pas.*, 2001, n° 234 ; Cass., 5 décembre 2003, *Pas.*, 2003, n° 623 ; circulaire AAF n° 4/2010 du 6 avril 2010, *addendum à la circulaire AFER n° Ci.R9.Div/577.956 dd. 11/05/2006*.

de la source d'imposer le revenu, mais il faut aussi que sa loi prévoie un régime d'imposition.

Néanmoins, en droit belge, on considère qu'un revenu est « imposé » à l'étranger même s'il ne l'est pas effectivement. L'administration fiscale admet que si une convention subordonne l'exemption en Belgique à la condition que le revenu soit « imposé » à l'étranger, l'exemption d'impôt doit être accordée à un résident belge si son revenu est soumis à l'étranger au régime fiscal qui lui est normalement applicable, même si ce régime est une exonération (20).

La condition d'assujettissement à l'impôt, ainsi interprétée, évite que les efforts consentis par un État étranger pour créer des incitants sous forme d'exonérations fiscales ne soient ruinés par une « récupération » d'impôt en Belgique (21).

Mais cette acception du terme « imposé » n'est pas la plus commune. Elle nous vient de l'interprétation que la Cour de cassation a donnée au même terme contenu dans une disposition ancienne dont l'article 156 C.I.R. 1992 est issu (22).

La Belgique juge donc nécessaire d'en avertir ses partenaires. Ainsi, le modèle de convention belge contient les précisions suivantes : « Un élément de revenu est imposé en .... lorsque cet élément de revenu est soumis en .... au régime fiscal qui lui est normalement applicable en vertu de la législation fiscale .... » (23).

(20) Circulaire AAF n° 4/2010 du 6 avril 2010, *addendum à la circulaire AFER n° Ci.R9.Div/577.956 dd. 11/05/2006.*

(21) Voy. toutefois Cass., 4 juin 2015, R.G. n° F.14.0164.F (publié sur le site du SPF Justice « Juridat », consulté le 29 janvier 2018), à propos de la Q.F.I.E. accordée aux résidents belges à raison d'intérêts qui « peuvent être imposés » selon la convention du 29 août 1977 entre le Royaume de Belgique et la République de Corée *tendant à éviter la double imposition et à prévenir l'évasion fiscal en matière d'impôts sur le revenu.* La Cour de cassation a considéré que la Q.F.I.E. n'était accordée qu'aux intérêts « effectivement imposés » en Corée.

(22) Cass., 15 septembre 1970, et la note de Th. Afschrift, « Exemption vaut impôt, principe général de droit en matière d'impôts sur les revenus ? », *J.D.F.*, 1980, pp. 69 et s.

(23) L'administration a cependant considéré que les termes « imposés aux Pays-Bas », employés à l'article 23, § 1er, a, de la convention belgo-néerlandaise du 5 juin 2001 doivent être interprétés comme dans le commentaire commun à la Belgique et aux Pays-Bas de l'article 21, § 1er, de la même convention où le terme « imposé » est également utilisé : « Un élément de revenu est imposé lorsqu'il est effectivement compris dans la base sur laquelle l'impôt est perçu, c'est-à-dire sans qu'il bénéficie par la suite d'une exemption objective. Le fait que le montant de l'élément de revenu soit déterminé de manière forfaitaire est sans importance à cet égard ». Elle en a conclu que lorsque le revenu n'est pas effectivement imposé aux Pays-Bas, il peut être imposé en Belgique en application de l'article 23, § 1er, a, de la convention (voy., par exemple, circulaire AAF/2004/0313 du 28 avril 2004 ; question n° 838 du 1er mars 2016 du député Deseyn, *Q&R*, Ch. repr., sess. 2015-2016, n° 54-088, pp. 404-410 ; « Les traités internationaux en matière fiscale », rapport du 19 avril 2016, fait au nom de la Commission des relations extérieures, par M. Benoît Piedboeuf sur les auditions auxquelles la Chambre a procédé en 2016, *Doc. parl.*, Ch. repr., sess. 2015-2016, n° 54-1768/001). La Cour de cassation lui a donné tort (Cass., 25 janvier 2018, R.G. n° F.16.0060.N).

27. Lorsque la Belgique subordonne l'exemption d'un revenu obtenu par l'un de ses résidents à une imposition effective par l'État partenaire, elle l'exprime en autant de mots.

Le modèle de convention belge fait ainsi la distinction entre le revenu « imposé » et celui qui est « effectivement imposé » : « Un élément de revenu est effectivement imposé dans un État contractant lorsque cet élément de revenu est soumis à l'impôt dans cet État contractant et n'y bénéficie pas d'une exemption d'impôt en tant que tel ».

Dans ce cas, le contribuable qui revendique une exemption conventionnelle en Belgique doit fournir la preuve que son revenu a été pris en compte dans le calcul de l'impôt sur ses revenus à l'étranger.

28. La Belgique n'a pas souscrit à l'article 5 du MLI qui vise à empêcher l'État de résidence d'exempter les revenus étrangers dans certains cas. La Belgique n'a pas émis de réserve non plus sur cette disposition, laissant ainsi ses partenaires régler la situation de leurs résidents qui obtiennent des revenus de source belge.

Cette disposition n'affecte donc pas les promesses d'exemption faites par la Belgique dans ses traités fiscaux.

SECTION 4.

LES PRINCIPES DU DROIT DES GENS APPLIQUÉS AUX TRAITÉS FISCAUX

29. Quelle que soit la politique qui gouverne les nouvelles règles préconisées par l'O.C.D.E., la technique de lecture d'une convention fiscale est inchangée. « Après le BEPS », comme avant, les règles élémentaires du droit des Gens dominent la matière.

§ 1. Les conventions limitent l'application du droit interne des signataires

30. Les conventions fiscales sont des traités intergouvernementaux qui lient leurs États signataires.

Le principe est inscrit dans la convention de Vienne du 23 mai 1969 *sur le droit des traités* (24) qui ne fait que confirmer le droit international

(24) Cette convention a été approuvée par la loi du 10 juin 1992.

coutumier sur ce point (art. 26 et 27). Si la convention de Vienne s'applique à l'égard de la Belgique aux traités qu'elle a conclus depuis le 1er octobre 1992 (art. 4), les principes coutumiers que cette convention codifie s'appliquent aussi aux traités qu'elle a conclus précédemment (25).

En Belgique, un traité en vigueur prime donc sur la loi interne dans la mesure où les deux normes sont inconciliables (26). La loi belge n'est pas applicable *dans la mesure* où elle est contredite explicitement par un traité. Autrement, elle garde toute sa force.

§ 2. Les conventions doivent être interprétées littéralement et de bonne foi

31. Un abandon de souveraineté ne se présume pas (27). Ce qu'un État n'a pas abandonné dans un traité international reste son apanage.

On lit donc un traité fiscal de manière littérale. Si les signataires ont omis certains cas, ceux-ci échapperont donc aux règles de leur convention. Certains cas de double imposition pourraient donc ne pas être couverts par une convention fiscale, même si celle-ci vise à les éviter tous. On ne peut pas extrapoler, à partir de l'objectif général d'un traité, une solution à un cas de double imposition qui ne se trouve pas dans son texte.

On ne peut même pas présumer qu'un État ait fait des concessions dans une convention en se fondant sur celles qu'il a faites dans une autre (28).

32. Le modèle de convention de l'O.C.D.E. prévoit, certes, que les administrations fiscales nationales « peuvent aussi se concerter en vue d'éliminer la double imposition dans les cas non prévus par la Convention » (art. 25, § 3, *in fine*, O.C.D.E.).

Cependant, la Belgique a, par tradition, évité de reproduire ce texte dans ses conventions car, selon sa Constitution, il n'appartient pas aux agents de l'administration fiscale de combler des lacunes d'un traité international, et donc de le modifier. Ceci est une prérogative royale.

(25) Voy. les conclusions du Procureur général Delange avant Cass., 27 janvier 1977, *Sauvage c. Air India*, *Pas.*, 1977, I, 574 ; voy. aussi C.I.J., 3 février 2006, *RDC c. Rwanda*.

(26) Cela n'est pas le point de vue de tous les États. Les États-Unis considèrent que leurs lois internes prévalent sur les traités internationaux qu'ils concluent si leurs autorités nationales en décident ainsi. Ils appliquent, sans distinction entre les règles nationales et internationales, le principe équivalant à notre *lex posterior derogat priori*.

(27) C.P.I.J., 7 septembre 1927, *Lotus*.

(28) L'interprétation d'un traité bilatéral est la recherche de l'intention commune des *deux* parties.

Les accords pris par les « autorités compétentes » belge et étrangères pour aménager des règles conventionnelles sont d'ailleurs invalidés par la jurisprudence (29).

33. Un traité international n'en reste pas moins une convention et il doit s'interpréter conformément aux souhaits qui ont animé ses signataires lors de sa conclusion (30). Il faut donc rechercher aussi, dans le texte issu des négociations, le sens que les parties ont voulu donner à leur convention en la signant (31).

La plupart des conventions fiscales sont négociées sur la base des modèles de l'O.C.D.E. et de l'ONU. Les commentaires que l'O.C.D.E. et l'ONU fournissent de leurs modèles constituent un contexte dont il faut tenir compte pour les interpréter (32), sauf si l'un des signataires a fait des réserves sur le modèle ou le commentaire qui l'accompagne, ou plus simplement si la convention signée s'en écarte.

§ 3. Les résidents d'un État peuvent revendiquer l'application des conventions qu'il a conclues

34. Bien que les conventions fiscales soient des traités intergouvernementaux qui lient au premier chef les États signataires, les particuliers peuvent les invoquer.

En effet, les conventions préventives de la double imposition ne nécessitent pas de mesure d'exécution interne substantielle et elles sont suffisamment précises pour que les particuliers puissent en tirer des droits. Elles ont ainsi « effet direct » et un contribuable peut les invoquer pour faire écarter l'application d'une règle interne qui y est contraire (33).

35. Une convention bâtie selon le modèle de l'O.C.D.E. s'applique aux revenus qu'obtiennent les résidents d'un État contractant.

(29) Voy. Civ. Namur, 7 janvier 2016, R.G. n° 14/931/A ; Civ. Bruxelles, 21 janvier 2013, *F.J.F.*, 2014/275 ; *contra* Liège, 13 avril 2016, *J.D.F.*, 2016, p. 257.

(30) C'est ce que l'on appelle l'interprétation « de bonne foi », conforme à l'article 31 de la Convention de Vienne.

(31) Voy. ci-après à propos de l'interprétation évolutive des traités.

(32) Voy. les conclusions de l'Avocat général D'Hoore avant Cass., 21 décembre 1990, *A.C.*, 1990-1991, p. 456.

(33) Cass., 27 mai 1971, *Fromagerie franco-suisse Le Ski*, et la note de J. Salmon, « Le conflit entre le traité international et la loi interne en Belgique à la suite de l'arrêt rendu le 27 mai 1971 par la Cour de cassation », *J.T.*, 1971, p. 509.

Un contribuable peut opposer à une imposition prévue par le droit belge une convention signée par la Belgique (et en vigueur), que ce contribuable soit un résident de la Belgique ou un résident de l'autre État signataire.

36. L'O.C.D.E. a cependant considéré que certaines sociétés intervenaient de manière artificielle dans des opérations internationales, aux fins de bénéficier indument des allégements prévus par les conventions fiscales.

La sixième « action » anti-BEPS a cet objet.

L'O.C.D.E. préconise l'introduction d'une « règle de limitation des avantages » de la convention (« L.O.B. » ou *Limitation on benefits*) ou d'une « règle du critère des objets principaux » (« P.P.T. » ou *Principal purpose test*).

Ces deux règles ont été introduites dans le MLI.

37. La règle L.O.B. consiste schématiquement à n'appliquer la convention à une société que si elle est aux mains de personnes qui sont résidentes du même État que la société et qui peuvent elles-mêmes invoquer la convention.

La Belgique n'a pas souscrit à cette règle en signant le MLI, de sorte qu'elle ne s'inscrira pas dans les conventions belges, même si d'autres États ont opté pour cette règle (34).

38. En revanche, la Belgique a dû adopter la règle P.P.T. qui constitue une mesure minimale :

« Nonobstant toute disposition d'une Convention fiscale couverte, un avantage au titre de la Convention fiscale couverte ne sera pas accordé au titre d'un élément de revenu ou de fortune s'il est raisonnable de conclure, compte tenu de l'ensemble des faits et circonstances propres à la situation, que l'octroi de cet avantage était l'un des objets principaux d'un montage ou d'une transaction ayant permis, directement ou indirectement, de l'obtenir, à moins qu'il soit établi que l'octroi de cet avantage dans ces circonstances serait conforme à l'objet et au but des dispositions pertinentes de cette Convention fiscale couverte » (art. 7, § 1er, MLI).

La Belgique a aussi adopté la disposition suivante :

« Lorsqu'une Juridiction contractante refuse à une personne l'octroi de tout ou partie des avantages prévus par une Convention fiscale couverte, en application des dispositions de cette même convention (telles que

(34) Une telle règle existe cependant dans la convention du 27 novembre 2006 entre le Gouvernement du Royaume de Belgique et le Gouvernement des États-Unis d'Amérique *tendant à éviter la double imposition et à prévenir l'évasion fiscale en matière d'impôts sur le revenu*.

susceptibles d'être modifiées par la présente Convention), lorsque l'objet principal ou l'un des objets principaux d'un montage ou d'une transaction, ou de toute personne concernée par un montage ou une transaction, est d'obtenir ces avantages, l'autorité compétente de cette Juridiction contractante qui aurait normalement accordé cet avantage doit néanmoins considérer que cette personne peut prétendre à cet avantage ou à d'autres avantages au titre d'un élément de revenu ou de fortune spécifique si cette autorité compétente, à la demande de cette personne et après examen des faits et circonstances pertinents, conclut que ces avantages auraient été octroyés à cette personne en l'absence de la transaction ou du montage. L'autorité compétente de la Juridiction contractante à laquelle un résident de l'autre Juridiction contractante a adressé une demande, en vertu du présent paragraphe, doit consulter l'autorité compétente de cette autre Juridiction contractante avant de rejeter la demande » (art. 7, § 4, MLI).

Cette disposition-ci ne s'introduira dans une convention que si ses deux États signataires ont choisi de l'appliquer.

§ 4. L'application des conventions n'est pas facultative

39. Les conventions en vigueur sont obligatoires pour les contribuables, comme pour les États contractants.

40. Un contribuable qui paie spontanément l'impôt à un État qui a renoncé à percevoir cet impôt, mais qui ne le paie pas à l'État dont le pouvoir d'imposition est consacré par une convention s'expose à une double imposition irrémédiable.

En effet, l'administration de l'État lésé peut prendre tout le temps que lui accorde son droit interne pour rectifier la situation de son contribuable. Si elle constate que le contribuable a manqué à ses obligations fiscales, elle peut établir l'impôt parfois quelques années après celle pendant laquelle le revenu a été gagné et surtout après celle où l'impôt a été payé indûment dans l'autre État. Si la rectification est justifiée, le contribuable devra payer l'impôt qui en résulte. S'il ne peut plus contester l'impôt payé spontanément mais erronément en premier lieu, en raison de l'expiration des délais de recours contre cet impôt, il payera son erreur par une double imposition (35).

(35) Les conventions prévoient généralement une procédure amiable pour résoudre les problèmes de cette sorte (art. 25 O.C.D.E.). Cette procédure est cependant lente ; les autorités n'ont qu'une obligation de moyen de trouver une solution et le contribuable n'est pas nécessairement entendu. En général, il ne l'est pas.

§ 5. Les conventions ne prévoient pas d'impôt

41. Comme il est exposé ci-avant, par leurs conventions fiscales, les États renoncent à leur pouvoir d'imposer certains revenus mais ils ne s'engagent pas à en taxer.

Pour exprimer cela, les conventions disposent qu'un État « peut » imposer un revenu, ou que le revenu est « imposable » dans cet État.

Si la loi fiscale d'un État ne prévoit pas d'impôt, il est inutile que le contribuable revendique l'application d'une convention fiscale pour s'opposer à ce qu'il en perçoive.

42. La France a érigé cette règle en « principe de subsidiarité ». Le Conseil d'État de France a décidé que le juge saisi d'un litige fiscal comportant un élément d'extranéité doit vérifier en premier lieu si l'impôt contesté a été valablement établi selon la loi fiscale interne. Ce n'est que si l'impôt est justifié en droit national que le juge doit déterminer ensuite si un traité s'oppose à cet impôt (36).

a) L'exemple de la correction des avantages anormalement consentis par une entreprise

43. Les conventions autorisent la Belgique à rectifier les bénéfices d'une entreprise belge qui en transfère artificiellement une partie à une entreprise qui lui est liée (art. 9, § 1er, O.C.D.E.).

Mais pour qu'une entreprise soit imposée en Belgique sur de tels bénéfices, il faut que le législateur belge en ait disposé ainsi.

L'article 26 C.I.R. 1992 prévoit l'augmentation de la base imposable d'un entrepreneur à concurrence des « avantages anormaux ou bénévoles » qu'il consent.

44. La syntaxe de l'article 185, § 2, C.I.R. 1992, applicable aux sociétés d'entreprises multinationales, est plus étonnante. Ce texte fait de larges emprunts à l'article 9 O.C.D.E.

Il lui emprunte aussi son vocabulaire en prévoyant que des bénéfices qui n'ont pas été réalisés « peuvent être inclus » dans la base imposable et il permet à l'administration de corriger les bénéfices « d'une manière appropriée ».

(36) C.E. fr., 28 juin 2002, n° 232276, *Schneider Electric*.

Le Conseil d'État s'en est étonné lors de l'examen du projet de cette disposition parce que l'on peut attendre de la loi belge qu'elle prévoie simplement que les bénéfices seront corrigés dans les cas qu'elle détermine (37). Mais le gouvernement a voulu « coller le plus possible » au texte de l'article 9 O.C.D.E. (38).

b) L'exemple des salaires des non-résidents

45. Jusqu'en 1989, les salaires qu'un non-résident obtenait en raison d'un emploi exercé en Belgique n'étaient pas taxables s'ils étaient à charge (d'un établissement étranger) d'un employeur non résident, quelle que soit la durée du travail ou du séjour en Belgique.

Or les conventions signées par la Belgique lui reconnaissent quasi tout le pouvoir d'imposer les salaires de non-résidents qui travaillent en Belgique et y séjournent plus de 183 jours par an (art. 15 O.C.D.E.).

Depuis la réforme de l'impôt des non-résidents par la loi du 22 décembre 1989 de tels salaires sont imposables en Belgique (art. 227, § 2, 7°, C.I.R. 1992) (39).

c) L'exemple de la disposition balai en matière d'impôt des non-résidents

46. En 2012, le Gouvernement s'était donné pour objectif d'imposer les non-résidents à raison des revenus dont l'imposition est reconnue à la Belgique par les conventions et que la loi belge n'imposait pas encore.

Il a soumis au Conseil d'État l'avant-projet d'un nouvel 228, § 3, C.I.R. 1992 rédigé comme suit :

« L'impôt est également perçu sur les revenus [...] pour lesquels la Belgique dispose d'un droit d'imposition conformément à une convention préventive de la double imposition et qui sont imposables ».

47. Le Conseil d'État a considéré qu'il serait anormal et discriminatoire que la loi belge traite différemment des non-résidents selon qu'ils sont des résidents d'un pays lié à la Belgique par convention ou ne le sont pas (40).

(37) Avis du Conseil d'État sur le projet, *Doc. parl.*, Ch. repr., sess. 2003-2004, n° 51-1079/001, pp. 18 à 20.

(38) Exposé des motifs du projet, *Doc. parl.*, Ch. repr., sess. 2003-2004, n° 51-1079/001, pp. 8 et 9.

(39) Voy., à propos de l'article 140, § 2, 7°, C.I.R. auquel l'article 228, § 2, 7°, C.I.R. 1992 correspond, le rapport de la Commission des Finances au Sénat sur le projet, *Doc. parl.*, Sénat, sess. 1989-1990, n° 806-2, p. 112.

(40) Avis du Conseil d'État sur le projet, *Doc. parl.*, Ch. repr., sess. 2012-2013, n° 53-2458/001, pp. 99 et s.

Pensant satisfaire le Conseil d'État, le Gouvernement a soumis au Parlement, qui l'a voté, le texte suivant :

« L'impôt est également perçu sur les revenus, [autrement non visés], mais qui sont considérés comme des revenus imposables suivant les précédents titres du présent code et qui sont à charge [d'un débiteur établi en Belgique] dans la mesure où ces revenus sont imposables en Belgique conformément à une convention préventive de la double imposition ou, lorsqu'une telle convention ne s'applique pas, dans la mesure où le contribuable ne fournit pas la preuve que les revenus sont effectivement imposés dans l'État dont il est un résident. »

48. Cette mesure était impraticable (41).

Après avoir déclaré que « les négligences du contribuable à la suite d'un manque d'information pour l'année de revenus 2013 ne seront pas sanctionnées » (42), le ministre des Finances a annoncé en janvier 2014 qu'il travaillait à l'élaboration d'une règle *de minimis* (43).

Un avis publié au *Moniteur belge* a exposé que « compte tenu d'un forfait de frais de 50 %, cela signifie qu'il n'y a pas [d'impôt] dû sur la première tranche de 38.000 EUR (brut) de bénéfices ou profits définis ci-avant. [...] Un recours administratif peut être introduit à l'encontre d'un [impôt] versé à tort dans le passé » (44). Cet avis constituait un retrait partiel de la mesure légale.

49. La loi du 18 décembre 2016 *organisant la reconnaissance et l'encadrement du crowdfunding et portant des dispositions diverses en matière de finances* a remplacé le texte de l'article 228, § 3, C.I.R. 1992 pour en limiter sensiblement la portée.

§ 6. Les conventions ne déterminent pas la base imposable

50. Les conventions privent les États de taxer certains revenus. Elles traitent de l'*assiette* de l'impôt.

Elles ne s'ingèrent pas dans la manière dont un État contractant détermine la *base imposable* d'un revenu qu'elles lui permettent de taxer.

(41) « Hâtez-vous lentement, et sans perdre courage. Vingt fois sur le métier remettez votre ouvrage... - l'exemple de la réforme de l'impôt des non-résidents par la loi du 13 décembre 2012 », *T.F.R.*, 2013, pp. 328 et s. ; voy. aussi P. Delacroix et V. Denis, « État des lieux concernant la disposition "catch-all" prévue à l'impôt des non-résidents », in *Mélanges Pascal Minne*, Bruxelles, Bruylant, 2017, pp. 145 et s., publié de justesse avant la réforme de cette disposition.

(42) Compte-rendu, Ch. repr., sess. 2013-2014, 17 décembre 2013, CRABV 53 PLEN 175, p. 26.

(43) Compte-rendu, Ch. repr., sess. 2013-2014, 8 janvier 2014, CRABV 53 COM 888, p. 6.

(44) « Avis aux redevables du précompte professionnel qui payent ou attribuent des revenus visés à l'article 228, § 3, du Code des impôts sur les revenus 1992 (CIR 92) à des non-résidents », *M.B.*, 23 juillet 2014.

51. Ainsi, une convention peut obliger un État à reconnaître qu'une charge grève les revenus qu'il peut imposer ; elle ne peut en revanche pas l'obliger à admettre la déduction de cette charge de la base de calcul de son impôt.

Par exemple, les impôts supportés par un établissement stable belge d'une entreprise étrangère sont une charge de cet établissement. Leur déduction peut cependant être refusée dans le calcul de la base imposable de cet établissement en Belgique.

52. Ainsi, aussi, lorsqu'une société belge dispose d'un établissement étranger prospère mais que son siège belge exerce des activités déficitaires, sa base imposable en Belgique est déterminée en tenant compte de son revenu mondial consolidé. Les bénéfices étrangers de l'exercice épongent les pertes belges du même exercice, de sorte que la société belge peut même, au terme de cet exercice, ne pas avoir de perte reportable aux exercices suivants. Si la même société est prospère l'exercice suivant tant en Belgique qu'à l'étranger, le déficit précédent des activités en Belgique ne pourra pas venir en déduction de ses bénéfices belges courants, puisqu'il aura été épongé par les bénéfices étrangers.

Si ces bénéfices étrangers étaient exemptés par convention, il peut paraître choquant qu'ils soient pris en considération pour déterminer le montant de la perte reportable générée par des opérations belges. Néanmoins, la Belgique ne perçoit effectivement aucun impôt à raison des revenus d'origine étrangère. La Cour de cassation a donc considéré que le mode de calcul de la base imposable en Belgique ne violait pas l'engagement de la Belgique d'exempter les revenus d'origine étrangère.

La Cour de cassation a rappelé que « [l'ancienne convention belgo-néerlandaise du 19 octobre 1970] ne règle pas la base imposable mais exonère uniquement d'impôt certains revenus ; [q]u'il s'ensuit que la Convention n'empêche pas l'État belge de tenir compte, lors de la détermination de la base imposable en Belgique, des bénéfices obtenus aux Pays-Bas et de les inclure dans le montant dont seront déduites les pertes subies en Belgique et, par conséquent, de ne déduire les pertes professionnelles éprouvées au cours des années antérieures que dans la mesure où elles n'ont pas été couvertes auparavant par des bénéfices exonérés par la Convention » (45)/(46).

(45) Cass., 29 juin 1984, *Velasquez*, *Pas.*, 1984, I, 1321 ; Cass., 27 octobre 1995, *Pas.*, 1995, I, 958 ; Cass., 16 octobre 1997, *Pas.*, 1997, I, 410.

(46) La Cour de justice de l'Union européenne a considéré que la loi belge constituait à cet égard une entrave à la liberté d'établissement garantie par les traités européens (C.J.C.E., 14 décembre 2000, C-141/99, *Amid*). La cour d'appel de Bruxelles lui a emboité le pas pour considérer que les méthodes de calcul de l'impôt belge étaient contraires au principe constitutionnel d'égalité (Bruxelles, 17 septembre 2009, *T.F.R.*, 2010, p. 854).

53. Néanmoins, la clause de non-discrimination d'une convention (art. 24 O.C.D.E.) peut influencer la détermination de la base imposable car la Belgique ne peut refuser à l'établissement stable belge d'une entreprise résidente de l'autre État contractant les avantages qu'elle consent lorsqu'elle détermine la base imposable de ses propres entreprises résidentes.

§ 7. La loi interne des États signataires ne peut pas modifier leurs conventions

a) L'interdiction des entorses aux traités

54. Selon la coutume internationale, un État qui s'est engagé dans un traité international ne peut s'en dégager qu'en le dénonçant. Il ne peut pas, par une modification unilatérale de sa loi, détourner les règles fixées par un traité.

La jurisprudence nous en donne des illustrations.

b) L'exemple de l'article 364*bis* C.I.R. 1992

55. Dans ses conventions, la Belgique a souvent admis que les rentes ne seraient taxables que par l'État de résidence de leurs bénéficiaires.

Le législateur a voulu empêcher que des contribuables qui s'étaient constitué une rente de retraite en bénéficiant d'avantages fiscaux en Belgique pendant leur vie active ne s'expatrient au moment où ils prennent leur retraite et échappent ainsi à l'imposition en Belgique de cette rente lorsqu'elle est servie.

La loi du 28 décembre 1992 *portant des dispositions fiscales, financières et diverses* a donc inséré dans le C.I.R. 1992, un article 364*bis*, libellé comme suit :

« Lorsque les capitaux, les valeurs de rachat et l'épargne visés à l'article 34 sont payés ou attribués à un contribuable qui a préalablement transféré son domicile ou le siège de sa fortune à l'étranger, le paiement ou l'attribution est censé avoir eu lieu le jour qui précède ce transfert ».

Depuis lors, la rente étant censée être attribuée la veille du déménagement, elle devrait être taxée en Belgique bien que son bénéficiaire, avant de la percevoir, ait établi son domicile dans un autre État auquel une convention reconnaîtrait un pouvoir exclusif d'imposition.

56. La cour d'appel de Bruxelles a considéré que cette intervention législative était contraire à l'application de bonne foi de la convention franco-belge du 10 mars 1964. Le pourvoi en cassation formé contre son arrêt ne l'a pas critiqué de ce chef (47) :

« La Convention ne permet aucune fiction unilatérale, ni sur la notion de résidence, ni sur le moment du paiement d'un revenu de nature à vider de sens les attributions de compétence convenues entre les pays contractants. [...] En invoquant l'article 364*bis* du Code des impôts sur les revenus 1992, l'administration n'exécute pas de bonne foi la convention franco-belge dans la mesure où elle entend se prévaloir de son droit interne pour justifier de ne pas l'appliquer » (48).

L'administration belge s'est d'ailleurs dite elle-même embarrassée par l'application de cette disposition en présence d'une convention préventive de la double imposition (49)/(50).

c) L'exemple des amputations successives de la « Q.F.I.E. »

57. La Belgique s'est engagée dans ses traités à remédier à la double imposition des revenus mobiliers d'origine étrangère obtenus par ses régnicoles selon une méthode qui consiste à diminuer le montant de l'impôt belge de celui de l'impôt étranger sur ces revenus. Le mécanisme est similaire à celui du droit interne : « la quotité forfaitaire d'impôt étranger » ou « Q.F.I.E. ».

58. Traditionnellement, la formule conventionnelle est la suivante : « Sous réserve des dispositions de la législation belge relatives à l'imputation sur l'impôt belge des impôts payés à l'étranger, lorsqu'un résident de la Belgique reçoit des éléments de revenu qui sont compris dans son revenu global soumis à l'impôt belge et qui consistent en intérêts ou en redevances, l'impôt [que l'État partenaire a] établi sur ces revenus est imputé sur l'impôt belge afférent auxdits revenus » (51).

(47) Voy. Cass., 5 décembre 2003, *Pas.*, 2003, n° 623.

(48) Bruxelles, 15 février 2002.

(49) Com.IR. art. 364*bis*/16 et 17.

(50) Attaquée par la Commission du chef de cet article 364*bis* C.I.R. 1992 pour entrave à la libre circulation des personnes, la Belgique a promis qu'elle n'appliquait plus cette disposition en présence d'une convention fiscale qui reconnait le droit d'imposer à l'autre État contractant. Bien que la loi belge du 27 décembre 2006 ait entretemps adapté cette disposition aux exigences du droit européen, la Belgique n'a pas échappé à sa condamnation par l'arrêt du 5 juillet 2007 de la Cour de justice (C.J.C.E., 5 juillet 2007, C-522/04, *Commission c. Belgique*).

(51) Modèle « standard » de convention belge.

La Belgique se réserve ainsi d'appliquer, dans le contexte conventionnel, des règles internes nouvelles en matière de Q.F.I.E. (52).

59. La convention franco-belge du 10 mars 1964 présente la particularité que la Belgique y a prévu que le crédit pour l'impôt français serait d'au moins de 15 % du montant net à la frontière du revenu d'origine française :

« Pour [les revenus et produits de capitaux mobiliers], qui ont effectivement supporté en France la retenue à la source, l'impôt dû en Belgique sur leur montant net de retenue française sera diminué, d'une part, du précompte mobilier perçu au taux normal et, d'autre part, de la quotité forfaitaire d'impôt étranger déductible dans les conditions fixées par la législation belge, sans que cette quotité puisse être inférieure à 15 p.c. dudit montant net » (art. 19A, § 1er, de la convention franco-belge).

Depuis 1964, la loi belge a modifié les conditions auxquelles la Q.F.I.E. pouvait être accordée et elle en a purement et simplement supprimé l'octroi pour les dividendes, qu'ils soient ou non taxés à l'étranger.

60. Par son arrêt du 16 juin 2017, la Cour de cassation a rappelé qu'une modification de la loi belge ne peut servir à renverser une mesure conventionnelle (53). La Cour de cassation a décidé que la Q.F.I.E. devait toujours être accordée aux résidents belges à raison de dividendes d'origine française au taux minimal de 15 % de leur montant net à la frontière.

Les conclusions de l'Avocat général Van Ingelgem avant l'arrêt font état de ce que la Belgique commettrait un *treaty override*, comme on dit communément dans le jargon des internationalistes, en se fondant sur les conditions actuelles d'octroi de la Q.F.I.E. en droit interne pour refuser celle promise conventionnellement en 1964 (54).

Pourtant, à cet égard, la convention est sibylline puisque la Belgique s'y est aussi réservée le droit de subordonner aux conditions du droit interne l'octroi de la Q.F.I.E. (55).

---

(52) À propos de la convention belgo-tchèque, la Cour de cassation a décidé que les conditions du droit interne pour obtenir la Q.F.I.E., doivent être appliquées, puisque la convention subordonne l'application de la Q.F.I.E. conventionnelle à ces conditions. Cette convention ne prévoit cependant pas un taux minimal de Q.F.I.E. applicable « en tout cas ». La Cour a considéré que « la Convention se réfère ainsi à l'imputation telle qu'elle est prévue par le droit belge, y compris la détermination de la base imposable et le calcul de la quotité forfaitaire d'impôt étranger. Elle ne modifie pas le droit belge à cet égard » (Cass., 22 janvier 2010, *Pas.*, 2010, n° 54).

(53) Cass., 16 juin 2017, R.G. n° F.15.0102.N.

(54) L'Avocat général Van Ingelgem se réfère aussi aux commentaires d'auteurs sur l'interprétation évolutive des traités. Je pense que cette question est étrangère à celle qui était soumise à la Cour de cassation. Il ne s'agissait pas en l'occurrence de définir un « terme » mais plutôt les conditions d'application d'un mécanisme.

(55) La Cour de justice de Luxembourg avait pourtant considéré que le refus de la Q.F.I.E. à raison de dividendes d'origine française n'était pas contraire au droit européen (C.J.C.E., 14 novembre 2006, C-513/04, *Kerckhaert Morres*).

d) Un exemple de modification de la loi belge inspirée d'un modèle de l'O.C.D.E. : les rémunérations des artistes et des sportifs

61. La loi du 28 juillet 1992 *portant des dispositions fiscales et financières* a introduit dans le C.I.R. 1992 l'actuel article 228, § 2, 8°, qui prévoit l'imposition des rémunérations des artistes non-résidents qui se produisent en Belgique même si ces rémunérations sont payées à d'autres.

Sont soumis à l'impôt des non-résidents, « les revenus, quelle qu'en soit la qualification, de l'activité exercée personnellement en Belgique par un artiste du spectacle ou un sportif, en cette qualité, même lorsque les revenus sont attribués non pas à l'artiste ou au sportif lui-même, mais à une autre personne physique ou morale ».

62. Cette règle ne perd pas de son efficacité en présence d'une convention inspirée du modèle actuel de l'O.C.D.E. puisqu'il envisage que « lorsque les revenus d'activités qu'un artiste du spectacle ou un sportif exerce personnellement et en cette qualité sont attribués non pas à l'artiste ou au sportif lui-même mais à une autre personne, ces revenus sont imposables [...] dans l'État contractant où les activités de l'artiste ou du sportif sont exercées ».

63. En revanche, en présence d'une convention telle que la convention belgo-irlandaise du 24 juin 1970(56), l'article 228, § 2, 8°, C.I.R. 1992 est impuissant à soumettre à l'impôt belge les revenus payés à une société irlandaise pour les performances d'un artiste étranger qui se produit en Belgique :

« Conformément à l'article 7 de la Convention entre la Belgique et l'Irlande en vue d'éviter la double imposition et l'évasion fiscale en matière d'impôts sur les revenus, approuvée par la loi du 27 décembre 1973, les bénéfices d'une entreprise d'un État contractant ne sont imposables que dans cet État, à moins que l'entreprise n'exerce son activité dans l'autre État contractant par l'intermédiaire d'un établissement stable qui y est situé.

Conformément à l'article 17 de cette même Convention, les revenus que les professionnels du spectacle, tels les artistes de théâtre, de cinéma, de la radio ou de la télévision et les musiciens, ainsi que les sportifs, retirent de leurs activités personnelles en cette qualité, sont imposables dans l'État contractant où ces activités sont exercées.

Il ressort de la combinaison de ces dispositions conventionnelles que les rémunérations qui ne sont pas perçues par l'artiste professionnel

(56) Convention du 24 juin 1970 entre la Belgique et l'Irlande *en vue d'éviter la double imposition et l'évasion fiscale en matière d'impôts sur le revenu.*

lui-même mais qui sont attribuées à une société irlandaise pour une représentation d'un artiste professionnel en Belgique ne peuvent être imposées en vertu de l'article 17 de la Convention du 27 décembre 1973 »(57).

e) Un autre exemple de modifications de la loi belge inspirées des modèles de l'O.C.D.E. : l'agent dépendant

64. Une entreprise étrangère est assujettie à l'impôt des non-résidents en Belgique si elle y dispose d'un « établissement belge » (art. 228, § 2, 3°, C.I.R. 1992).

Si elle peut invoquer une convention, ses bénéfices ne sont imposables en Belgique que si elle y dispose d'un « établissement stable », au sens que la convention attribue à ces termes (art. 5 et 7 O.C.D.E.).

65. Jusqu'à la loi du 25 décembre 2017 *portant réforme de l'impôt des sociétés*, un « agent dépendant » constituait un établissement belge s'il exerçait son activité en Belgique pour le compte d'un non-résident « alors même que cet agent ne dispos[ait] pas de pouvoirs lui permettant de conclure au nom de ce non-résident » et s'il n'était pas « un intermédiaire de commerce jouissant d'un statut autonome et agissant dans le cadre normal de son activité » (art. 229, § 2, C.I.R. 1992).

Cette définition date de la loi du 22 décembre 1989 réformant l'impôt des non-résidents, qui s'est inspirée du vocabulaire du modèle de l'O.C.D.E. mais, au fond, elle a conservé les caractéristiques de l'agent dépendant belge que loi du 28 juillet 1938 avait introduite dans les anciennes lois coordonnées(58).

66. Le projet de convention de 1963 de l'O.C.D.E., diffusé peu de temps après la réforme de l'impôt sur les revenus de novembre 1962, a fait de l'agent qui a le pouvoir d'engager l'entreprise un établissement stable de celle-ci dans le pays où l'agent la représente, même si celle-ci ne dispose pas d'une installation fixe dans ce pays (art. 5, § 4, O.C.D.E. [1963]). L'agent qui conclut des contrats « au nom de l'entreprise » et qui est susceptible de constituer un établissement stable est – dans les pays à tradition civiliste – un mandataire(59).

(57) Cass., 9 janvier 2015, *Pas.*, 2015, n° 21.

(58) Pour l'historique de cette notion, voy. « Les emprunts du Code aux conventions internationales et les faux-semblants », *J.T.*, 2012, pp. 304 et s.

(59) C.E. fr., 31 mars 2010, n° 304715, *Zimmer Limited*.

Le projet de convention de 1963 comportait une exception selon laquelle un mandataire ne constitue pas un établissement stable s'il se limite à l'achat de marchandises.

Le modèle de 1963 poursuit qu'un agent, un commissionnaire général ou un autre intermédiaire indépendant n'est pas un établissement stable (art. 5, § 5, O.C.D.E [1963]).

Une lecture *a contrario* pouvait mener à ce qu'un intermédiaire dépendant puisse être un établissement stable, même s'il n'était pas mandataire. L'administration belge a jadis considéré qu'un intermédiaire sans pouvoir de représentation de l'entreprise était un établissement stable, sauf s'il était un indépendant agissant dans le cadre « normal » de son activité (60).

67. Le modèle de l'O.C.D.E. diffusé en 1977 n'a pas modifié fondamentalement la définition de l'établissement stable. Il a cependant exclu des établissements stables les agents qui n'exercent que des « activités préparatoires ou auxiliaires » (art. 5, §§ 4 et 5, O.C.D.E.).

68. Comme il est exposé ci-avant, lors de la réforme de l'impôt des non-résidents, la loi du 22 décembre 1989 a redéfini l'établissement belge en s'inspirant des modèles de l'O.C.D.E. L'agent dépendant de la loi belge n'est cependant pas celui de l'article 5, § 5, O.C.D.E. : il est un établissement belge « alors même que cet agent ne dispose pas de pouvoirs lui permettant de conclure au nom de ce non-résident » (art. 141, § 2, C.I.R., devenu art. 229, § 2, C.I.R. 1992).

La loi du 22 décembre 1989 en reste à la conception ancienne : il ne faut pas que l'agent soit un mandataire pour être un établissement belge. Par ailleurs, la loi du 22 décembre 1989 n'a pas fait d'exception pour les agents qui n'exercent que des « activités préparatoires et auxiliaires ».

Une entreprise étrangère qui recourt aux services d'un commissionnaire en Belgique y a donc un établissement belge. En revanche, elle n'a pas d'établissement stable au sens des conventions signées par la Belgique.

69. L'O.C.D.E. s'est offusquée de ce que des sociétés préfèrent recourir aux services d'un commissionnaire dans un autre pays que celui de leur résidence plutôt que d'y avoir un établissement stable.

(60) *Cf*. Com. Conv. 5/501.

70. Le MLI, dans le prolongement de l'action anti-BEPS n° 7(61), invite les États à élargir, dans leurs conventions existantes, la définition de l'agent dépendant constitutif d'établissement stable.

Selon le MLI, « lorsqu'une personne agit [...] pour le compte d'une entreprise et, ce faisant, conclut habituellement des contrats ou joue habituellement le rôle principal menant à la conclusion de contrats qui, de façon routinière, sont conclus sans modification importante par l'entreprise, et que ces contrats sont :

a) au nom de l'entreprise ; ou

b) pour le transfert de la propriété de biens appartenant à cette entreprise ou pour la concession du droit d'utiliser de tels biens ou des biens que l'entreprise a le droit d'utiliser ; ou

c) pour la prestation de services par cette entreprise,

cette entreprise est considérée comme ayant un établissement stable [...].

[Cela] ne s'applique pas lorsque la personne qui agit [...] pour le compte d'une entreprise [...] exerce [...] une activité d'entreprise comme agent indépendant et agit pour l'entreprise dans le cadre ordinaire de cette activité. Toutefois, lorsqu'une personne agit exclusivement ou presque exclusivement pour le compte d'une ou de plusieurs entreprises auxquelles elle est étroitement liée, cette personne n'est pas considérée comme un agent indépendant [...] en ce qui concerne chacune de ces entreprises » (art. 12 MLI). Suit une définition de la personne étroitement liée.

71. En signant le MLI le 7 juin 2017, la Belgique a décidé de ne pas adopter son article 12.

Elle n'entend pas modifier les conventions qu'elle a conclues pour assimiler à des agents dépendants les personnes qui ne seraient pas investies d'un mandat de l'entreprise ou celles qui seraient étroitement liées à l'entreprise pour laquelle elles agissent.

72. Néanmoins, la loi du 25 décembre 2017 a modifié la définition de l'établissement belge pour étendre la notion d'agent dépendant, de la manière préconisée par l'O.C.D.E. (nouvel art. 229, § 2, C.I.R. 1992) :

« Constitue également un établissement belge, l'agent ou autre intermédiaire qui agit en Belgique pour le compte d'une entreprise étrangère

(61) « Empêcher les mesures visant à éviter artificiellement le statut d'établissement stable ».

alors même que cette personne ne dispose pas de pouvoirs lui permettant de conclure des contrats au nom de cette entreprise.

Par dérogation à l'alinéa 1er, il n'y a pas d'établissement belge si la personne qui agit pour le compte de l'entreprise étrangère exerce en Belgique une activité en tant qu'intermédiaire de commerce autonome et agit pour cette entreprise dans le cadre normal de cette activité. Une personne qui agit exclusivement ou presque exclusivement pour le compte d'une ou plusieurs entreprises auxquelles elle est étroitement liée n'est pas considérée comme un intermédiaire de commerce autonome. […] ». Suit une définition de l'entreprise étroitement liée conforme à celle du MLI.

73. Il faudra cependant bien que l'administration belge s'abstienne de taxer une entreprise étrangère qui aura un agent dépendant en Belgique, selon la nouvelle définition nationale, alors que cet établissement n'est toujours pas un agent dépendant au sens d'une convention que la Belgique a déjà signée et que le MLI n'affectera pas.

La modification légale a pourtant été justifiée comme suit :

« [D]es modifications, qui élargissent la définition de l'établissement stable, ont été intégrées dans la version 2017 du Modèle OCDE. Elles figurent également dans la "Convention multilatérale pour la mise en œuvre des mesures relatives aux conventions fiscales pour prévenir l'érosion de la base d'imposition et le transfert de bénéfices" que la Belgique a signée le 7 juin 2017 et qui vise à insérer les mesures conventionnelles issues du projet BEPS dans le réseau de conventions existantes sans devoir renégocier séparément chacune de ces conventions. Le présent article adapte la définition de l'établissement belge qui figure à l'article 229 du Code des impôts sur les revenus 1992 dans la mesure nécessaire pour garantir que le droit interne ne fasse pas obstacle à l'application de ces nouvelles dispositions lorsque celles-ci seront intégrées dans les conventions fiscales conclues par la Belgique » (62).

La loi belge ne pourra évidemment jamais faire obstacle à l'application de dispositions conventionnelles (63). Disons plutôt que le législateur a voulu étendre la définition de l'*établissement belge* de manière à profiter de l'extension de la notion d'*établissement stable si et quand* nos conventions s'aligneront sur « le BEPS ».

(62) Exposé des motifs de la proposition de loi du 20 décembre 2017, *Doc. parl.*, Ch. repr., sess. 2017-2018, n° 54-2864/001, p. 104.

(63) Voy. *supra*.

f) L'interprétation évolutive des conventions fiscales

74. La question précédente – de l'influence d'une modification du droit interne sur l'application des mécanismes conventionnels – est différente de celle de la modification de la définition des termes ou expressions utilisées par la convention suite à une modification des définitions internes des mêmes termes ou expressions.

75. Les conventions fiscales prévoient que les termes qui n'y sont pas définis doivent être interprétés dans le sens que la loi interne de l'État qui l'applique leur donne, à moins que le contexte n'exige une autre interprétation (art. 3, § 2, O.C.D.E.).

Si le traité renvoie ainsi à la définition belge d'un terme et que la loi belge modifie cette définition après la conclusion du traité, la nouvelle définition interne vaudra pour interpréter le terme conventionnel. L'O.C.D.E. a en effet préféré l'interprétation évolutive à l'interprétation historique et l'a inscrit dans son modèle en 1995.

« Pour l'application de la Convention *à un moment donné* par un État contractant, tout terme ou expression qui n'y est pas défini a, sauf si le contexte exige une interprétation différente, le sens que lui attribue, *à ce moment*, le droit de cet État concernant les impôts auxquels s'applique la Convention, le sens attribué à ce terme ou expression par le droit fiscal de cet État prévalant sur le sens que lui attribuent les autres branches du droit de cet État » (art. 3, § 2, O.C.D.E.).

76. Notre Cour de cassation a aussi privilégié l'interprétation évolutive, même pour appliquer une convention plus ancienne qui ne reproduisait pas encore la règle énoncée dans l'article 3, § 2, O.C.D.E. actuel.

Elle a décidé que l'ancienne convention belgo-néerlandaise de 1970 (64) devait être interprétée en utilisant la qualification que le C.I.R. donnait, depuis la loi du 5 janvier 1976 *relative aux propositions budgétaires*, aux « rémunérations d'un associé actif » d'une société belge.

Celles-ci n'étant plus des « bénéfices » en droit belge depuis 1976, elles ne pouvaient plus en être pour l'application de cette convention.

« Suivant la volonté des parties contractantes, la définition de la notion "bénéfices des entreprises" de la Belgique relève de la compétence

---

(64) Convention entre le Gouvernement du Royaume de Belgique et le Gouvernement du Royaume des Pays-Bas *tendant à éviter les doubles impositions en matière d'impôts sur le revenu et sur la fortune et à régler certaines autres questions en matière fiscale* et du Protocole, signés à Bruxelles le 19 octobre 1970.

exclusive du législateur national belge ; [...] dès lors, la convention ne restreint pas la compétence du législateur belge pour déterminer ou modifier à ce propos l'objet de l'impôt, à condition qu'il ne soit pas porté atteinte aux dispositions des autres articles de la convention traitant séparément de composants des revenus »(65).

La Belgique, en changeant son vocabulaire, perdait le pouvoir d'imposer les rémunérations gagnées par un résident néerlandais « associé actif » d'une société belge, alors que les mêmes revenus étaient imposables en Belgique lorsqu'ils étaient qualifiés de bénéfices par le C.I.R.

77. Le Professeur Kirkpatrick a fait remarquer que la jurisprudence précitée de la Cour de cassation ne pouvait valoir que dans une situation où la loi belge avait pour effet de restreindre(66) son pouvoir d'imposer le revenu(67).

On imagine en effet difficilement qu'un État se réapproprie, en changeant simplement son vocabulaire domestique, le pouvoir d'imposition auquel il a renoncé par convention.

Il s'agirait d'un *treaty override*.

78. Le modèle de convention de l'O.C.D.E. comporte d'ailleurs un obstacle au *treaty override* par une modification unilatérale de la définition de termes conventionnels : le renvoi aux définitions nationales est exclu si le contexte exige une autre interprétation.

SECTION 5.

CONCLUSION

79. Lire un traité international est un exercice.

Lire une convention fiscale « après le BEPS » sera tout un ouvrage.

> « Travaillez, prenez de la peine :
>
> C'est le fonds qui manque le moins.
>
> [...] Le travail [est] un trésor. »(68)

(65) Cass., 21 décembre 1990, *Freens*, et la note de S. Van Crombrugge, « De evolutieve interpretatiemethode van dubbelbelastingverdragen », *T.R.V.*, 1991, p. 83.

(66) Cette restriction était bien involontaire et a amené l'administration belge à chercher des accords amiables avec ses homologues étrangères pour récupérer l'impôt inopinément perdu. Voy. à ce sujet, Gand, 20 juin 1996, *F.J.F.*, 96/114.

(67) J. Kirkpatrick, « Examen de jurisprudence (1983 à 1990). Les impôts sur les revenus et les sociétés », *R.C.J.B.*, 1997, p. 674.

(68) J. de La Fontaine, « Le laboureur et ses enfants », *Fables*, Livre V.

Table des matières